Der Autor

Der Diplom-Psychologe Robert Betz zählt zu den erfolgreichsten Lebenslehrern, Autoren und Seminarleitern im deutschsprachigen Raum. Seine lebensnahen, lebendig gestalteten und humorvollen Vorträge, zu denen in den vergangenen zehn Jahren über 150 000 Besucher kamen, begeistern mehr und mehr Menschen quer durch alle Bevölkerungs- und Altersgruppen. Seine Bücher, darunter Top-Bestseller wie *Willst du normal sein oder glücklich?*, *Wahre Liebe lässt frei!* oder *Raus aus den alten Schuhen!* standen bisher insgesamt über 390 Wochen auf der SPIEGEL-Bestseller-Liste.

www.robert-betz.com

ROBERT BETZ

JETZT REICHT'S mir aber!

Dein Weg durch Ärger und Wut
zum Frieden
mit dir und den anderen

WILHELM HEYNE VERLAG
MÜNCHEN

*Das vorliegende Buch ist sorgfältig erarbeitet worden.
Dennoch erfolgen alle Angaben ohne Gewähr.
Weder Autor noch Verlag können für eventuelle Nachteile
oder Schäden, die aus den im Buch gemachten praktischen
Hinweisen resultieren, eine Haftung übernehmen.*

*Sollte diese Publikation Links auf Webseiten Dritter enthalten,
so übernehmen wir für deren Inhalte keine Haftung,
da wir uns diese nicht zu eigen machen, sondern lediglich auf deren
Stand zum Zeitpunkt der Erstveröffentlichung verweisen.*

Verlagsgruppe Random House FSC® N001967

4. Auflage

Originalausgabe 09/2017

Copyright © 2017 by Wilhelm Heyne Verlag, München,
in der Verlagsgruppe Random House GmbH,
Neumarkter Straße 28, 81673 München.
Alle Rechte sind vorbehalten. Printed in Germany.
Autorenfoto: © Brigitte Sporrer, München
Umschlaggestaltung: Guter Punkt, München
Satz: Schaber Datentechnik, Austria
Druck und Bindung: GGP Media GmbH, Pößneck

ISBN 978-3-453-70326-1

»Ich habe euch nur Engel geschickt.«
Neale Donald Walsch, *Gespräche mit Gott*

Inhalt

Widmung 13
Einführung 15

TEIL 1
Wie wir unseren Unfrieden erschaffen 21

Das Leben könnte so schön sein,
wenn nur die anderen nicht wären 23

Über wen regst du dich (noch) auf? 28

Warum tun die das nur? 33

Unsere Arsch-Engel müssen
unsere Knöpfe drücken 39

Wie du über dich denkst,
so behandeln dich andere 44

Was genau denkst du,
wie urteilst du über dich? 50

Deine unfriedliche Vergangenheit
holt dich heute ein 53

Was wir alles nicht sein wollen
und doch auch sind 57

Wie und was willst du nicht sein? 60

Unsere Arsch-Engel zeigen uns,
was wir an uns selbst ablehnen 62

Wie lange willst du noch
das »Opfer« spielen? 66

Die Inventur deiner Arsch-Engel 73

Liste der Arsch-Engel meiner
Vergangenheit und Gegenwart 74

Die »schwarzen Schafe« in der Familie
und am Arbeitsplatz 75

Unsere Welt ist (auch)
ein Kindergarten 81

»Aber man wird doch noch
erwarten dürfen, dass ...« 87

»Aber man muss sich doch
nicht alles gefallen lassen!« 95

In Wirklichkeit ärgern wir uns
immer über uns selbst 101

Kernfragen zur Beziehung mit dir
selbst und deinem Leben 105

Warum wir wirklich wütend sind –
Zusammenfassung 108

Warum du nicht verhindern kannst,
für andere ein Arsch-Engel zu sein 111

TEIL 2
Die wichtigsten Arsch-Engel unseres Lebens 117

Arsch-Engel sind deine Wegweiser 119

Wie du die Geschenke deiner
Arsch-Engel erkennst und auspackst 121

Was wir ganz besonders
an anderen ablehnen 126

Warum du bestimmte Menschen
nicht leiden kannst 129

Menschen, die dauernd jammern,
klagen, sich beschweren 129

Menschen, denen ich es nie recht machen kann 130

Menschen, die arrogant
auf mich herabschauen 131

Menschen, die aggressiv, wütend,
jähzornig, streitsüchtig sind 132

Menschen, die sich nicht für mich interessieren 133

Menschen, die ständig anderer Meinung sind 134

Menschen, die nicht zuhören können 135

Menschen, die sich dauernd nach vorn spielen
und auffallen wollen 136

Menschen, die lügen und betrügen 137

Menschen, die immer nur haben,
aber nie etwas geben wollen 139

Menschen, die mich nicht ernst nehmen,
auslachen oder bloßstellen 140

Erkenne den Irrtum hinter
deinen verurteilenden Gedanken 142

DIE ARSCH-ENGEL IN DEINER FAMILIE ... 149

Deine Eltern und Geschwister – die größten »Türen« zum Frieden heute ... 149

Arsch-Engel: Der Vater deiner Kindheit ... 155
Fragen und Anregungen für Frauen ... 156
Fragen und Anregungen für Männer ... 158

Arsch-Engel: Die Mutter deiner Kindheit ... 162
Fragen und Anregungen für Männer ... 163
Fragen und Anregungen für Frauen ... 164
Unser Umgang mit den noch lebenden Eltern ... 166

Arsch-Engel Bruder und/oder Schwester ... 168
Fragen zu deinem Bruder und deiner Schwester ... 170
Unser Umgang mit den heute erwachsenen Geschwistern ... 171

Arsch-Engel Partner und Ex-Partner ... 174
Konflikte und Enttäuschungen in der Partnerbeziehung ... 174
In einer Zweierbeziehung kommen immer vier zusammen ... 179
»Mein Partner hat mich verlassen« ... 181
Warum Partner uns verlassen und enttäuschen ... 187

Arsch-Engel: Unsere Kinder ... 194
Unsere Kinder kommen (auch) zu uns, um uns aufzumischen ... 194
»Mein Sohn / meine Tochter sollte ordentlicher sein!« ... 197
»Mein Kind sollte nicht so aggressiv sein« ... 202

»Mein Kind ist einfach faul
und zeigt keinen Ehrgeiz« 204

»Mein Kind sollte nicht so viel vor
dem Computer rumhängen!« 206

TEIL 3
Wie wir Frieden und Zufriedenheit erschaffen 209

Wenn Frieden in dir ist,
ändert sich dein Umfeld 211

Durchfühle liebend deine Gefühle 214

Deine Wut sehnt sich nach deiner Liebe 217

Annahme statt Ablehnung dem gegenüber,
was jetzt da ist 219

Vergib dir zunächst selbst,
was du dir angetan hast 223

Vergib all deinen »Feinden«
und Arsch-Engeln 226

Gewöhne es dir ab, zu werten,
zu urteilen und zu kritisieren 229

Drücke deine Gefühle aus –
wenn möglich, ohne anzugreifen 232

Begegnung und offenes Gespräch
mit einem Arsch-Engel 236

Der Frieden auf Erden ist nah 240

Nachwort 245

Über den Autor 247

Ausgewählte und empfohlene CDs
von Robert Betz 250

Bücher von Robert Betz 252

Veranstaltungen, Ausbildungen
und Online-Angebote 253

Widmung

Dieses Buch ist all den Menschen gewidmet, über die wir uns jemals geärgert und aufgeregt haben, die uns wütend machten oder uns gar zur Weißglut trieben und auf die wir – wie unser Kopf sagt – gern verzichtet hätten in unserem Leben. Und auch all denen ist es gewidmet, über die wir uns jetzt noch aufregen und ärgern, die in uns – auf welche Weise und aus welchem Grund auch immer – Ärger, Wut, Hass, Ohnmacht oder auch Neid, Eifersucht, Schuld, Scham oder andere unangenehme Gefühle auslösen; kurzum: all den Menschen, die unsere »Gefühlsknöpfe« drücken.

Ich nenne sie in diesem Buch unsere »Arsch-Engel«. Warum? Weil unser Kopf so einen Menschen für einen »Arsch«, einen »Idioten« oder für »böse« oder »schlecht« hält, während er in Wirklichkeit – ohne es auch nur zu ahnen und ohne dass wir es ahnen – ein Engel ist, der uns etwas aufzeigen will, der eine Botschaft für uns hat. Ja, ich behaupte, solche Menschen sind für uns die wichtigsten im Leben, durch die wir aufwachen, uns selbst erkennen und wachsen können. Ohne sie würden wir uns innerlich nicht bewegen, uns nicht weiterentwickeln und uns selbst nicht auf die Schliche kommen. Wir würden nicht erkennen, dass wir keine »Opfer«, sondern immer nur Schöpfer unserer Lebenswirklichkeit sind.

Einführung

Fast jeder von uns hat sie: Menschen, die in uns ein unangenehmes Gefühl auslösen, ganz besonders Ärger und Wut. Häufig sind es Menschen in unserer unmittelbaren Umgebung, ja sogar oft solche, die wir (eigentlich) lieben oder mit denen wir uns vertragen wollen, die wir aber oft eher ertragen: unsere Partner, Kinder, Geschwister, Eltern, Schwiegereltern und andere. Oft denkt es in uns: »Ja, wenn die sich doch nur anders verhalten würden, besonders mir gegenüber, dann wäre meine Welt in Ordnung. Dann könnte ich ruhiger schlafen, dann müsste ich mich nicht so oft ärgern, dann ginge es mir gut.«
Und es sind auch oft andere Menschen, die wir überhaupt nicht lieben, die wir auch nicht lieben wollen, die »Idioten«, »Bekloppten«, »Bescheuerten« und – pardon – »Arschlöcher«, die uns über den Weg laufen. Sei es der laute oder rücksichtslose Nachbar, die mobbende Kollegin, der »Blödmann« von Chef, der »Sack« von Ex-Partner, die »Idioten« vom Finanzamt, die »unsere Ruhe und unseren Frieden stören«. Und ganz besonders »die da oben«, die »korrupten« Politiker und »sturen« Beamten, die »raffgierigen« Manager und »profitgeilen« Unternehmer, die angeblich an allem schuld sind, besonders daran, dass es »mir hier unten« nicht so gut geht.

In vielen Menschen in Europa und in den USA hat sich in den letzten Jahren eine tiefe Unzufriedenheit angesammelt, die jetzt immer öfter in Wut und Hass umschlägt. Sie spiegelt sich in zunehmenden Hasskommentaren in den oft eher »asozialen« Netzwerken, in »Protestwahlen« von Parteien und Politikern, die ebenfalls auf Hass und Ausgrenzung setzen. **»Jetzt reicht's uns aber!«** und »Schnauze voll!« tönt es an vielen Ecken, und für Werte und Haltungen wie Respekt, Achtung, Toleranz, Mitgefühl und Verständnis haben diese wütenden Menschen nicht mal ein Lächeln übrig. Sie fühlen sich als Verlierer, fühlen sich nicht gehört, nicht gesehen, gekränkt und »verarscht«. Sie sind zutiefst verunsichert angesichts der zu uns flüchtenden Menschen, der zunehmend aufgedeckten Skandale in Wirtschaft und Politik und einer sich rasant wandelnden globalisierten Welt, in der Computer die Arbeitsplätze vieler Menschen überflüssig machen. Der schreiende »Wutbürger« und marktschreierische Politiker erhalten mehr und mehr Beifall, während der »Gutmensch« und »Menschenversteher«, der sich für Verständigung, Vermittlung und Frieden einsetzt, oft verachtet oder ausgelacht wird.

Wie oft hast du jenes wütende, empörte oder frustrierte »Jetzt reicht's mir aber!« in den letzten Jahren in dir selbst gehört, auch wenn du es nicht wütend hinausgeschrien hast? Es ist der Ausdruck eines Gefühls, das viele Menschen in dieser Zeit immer öfter spüren und ausdrücken. Und das ist gut so. Es ist nicht schlecht. Die Wut hat einen Sinn und eine Bedeutung in dieser sich jetzt schnell verändernden Welt.

Dies ist ein Buch über die selbst erschaffene Hölle, in der viele Menschen leben, über das Gefängnis, deren Gitterstäbe sie selbst geschmiedet haben, über den tiefen Unfrieden, den Menschen in sich erschaffen haben, ohne dass sie dies schon erkennen können oder sehen wollen. Wenn du die Sündenböcke und schwarzen Schafe, die Feindbilder und Schuldner in deinem Leben behalten willst, wenn du (noch) nicht bereit bist, deinen eigenen Anteil am selbst erschaffenen Mangel an Frieden und Zufriedenheit, an Freude und Begeisterung, an Fülle und Erfüllung zu sehen, dann lege dieses Buch bitte ganz schnell wieder weg. Denn es stellt eine Gefahr dar für dein Selbstbild, dein Menschenbild und für dein Bild von der Welt und vom Leben. Die Gefahr besteht darin, dass du erkennen könntest: »Ich liege falsch. Ich habe mich komplett geirrt. Ich habe den Zustand meines heutigen Lebens samt meiner Unzufriedenheit und meines Ärgers selbst erschaffen – ohne dass mir bewusst war, was ich da tat.«

Geht das nicht etwas zu weit zu denken: »Ich soll für die Ereignisse und Zustände, für die Verluste und das Leid, für die Enttäuschungen, den Frust und den Schmerz in meinem Leben selbst verantwortlich sein? Das ist doch verrückt. Einfach Unsinn!« Ja, hör genau hin, wie sich dein Verstand diesem Gedanken gegenüber verhält. Noch ist Zeit, dieses Buch wegzuschmeißen, noch hast du nicht zu viel davon gelesen. Dies ist nur einer von vielen ver-rückten, für dich vielleicht neuen Gedanken, die oft das Gegenteil von dem behaupten, was du bisher für richtig hieltest, was bisher »deine Wahrheit« war, aber doch ein großer Irrtum ist.

Dies ist ein Buch über den von uns selbst erschaffenen Unfrieden in der Welt, über den Unfrieden, den Krach und den Krieg zwischen dir und deinen Mitmenschen, besonders denen, die in der Lage sind, deine »Knöpfe zu drücken« und es in deinem Leben kräftig tun oder getan haben. Und es ist zugleich ein Buch über den Unfrieden und den Krieg in dir selbst, deinen Hass auf dich selbst (den du jetzt vermutlich noch heftig abstreitest), über die ganze Unzufriedenheit mit dir und mit deinem bisherigen Leben. Denn so, wie es *in* dir aussieht, so sieht es in deinem Leben aus und besonders in den Beziehungen zu deinen Mitmenschen. Unsere äußere Welt ist ein Spiegel unserer inneren Welt, der Welt unserer Gedanken, unserer Gefühle und unseres offenen oder verschlossenen Herzens, unserer Liebe oder unserer Angst.

Und vor allem ist dies ein Buch des Friedens. Es zeigt dir auf, wie du aus dem Ärger mit anderen und aus deiner eigenen Unzufriedenheit hinausfindest zu Frieden und tiefer Zufriedenheit in dir sowie in und mit deinem Leben. Du wirst erkennen, wie du aus der oft gefühlten Ohnmacht und Hilflosigkeit anderen gegenüber zu Handlungsfähigkeit, Entscheidungskraft und dem Gefühl gelangst, dein Leben selbst in die Hand zu nehmen. Du wirst beginnen zu leben, statt gelebt zu werden, und bewusster und entschiedener Autor, Regisseur und Hauptdarsteller im Film deines Lebens zu sein.

Alles, was dazu im Moment notwendig ist, ist deine Neugier – auch wenn sie noch mit Skepsis gepaart sein mag – und deine Bereitschaft, dieses Buch nicht nur mit deinem Verstand zu lesen, der gern recht behalten will, sondern mit deinem Herzen und mit deinem Körper. Denn die Sätze, die du hier liest, lösen sowohl in deinem Herzen, dem unsichtbaren Zentrum in deiner Brust, als auch in deinem gesamten Körper spürbare Reaktionen aus, sei es ein Zusammenziehen und enger Werden oder ein sich Ausdehnen und Weiten, eine Anspannung oder eine Entspannung, Wärme oder Kälte, Druck oder Freiheit. Dein Herz kennt deine Wahrheit, und es will dir den Weg zeigen in ein glückliches, wahrhaftiges Leben in der Treue zu ihm und im tiefen Frieden mit dir, deinen Mitmenschen und deiner Vergangenheit. Und das tut es unter anderem über die Reaktionen deines Körpers, die immer Botschaften deiner Seele sind, die dir zuruft: »Hör mir bitte zu und ändere etwas in dir und deinem Leben!«.

Der Friede sei mit dir und in dir!

TEIL 1

Wie wir unseren Unfrieden erschaffen

Das Leben könnte so schön sein, wenn nur die anderen nicht wären

Kommen dir Sätze wie diese hier bekannt vor?
»Wenn ich den schon nur sehe ...«
»Die ist für mich gestorben!«
»Der kann mich mal kreuzweise!«
»Die grüße ich nicht mehr!«
»Mit dem rede ich nicht mehr!«
»Diese Frau geht mir so was von auf den Zeiger!«
»Den kann ich einfach nicht ausstehen.«
»Den könnte ich umbringen!«
»Der kommt mir nicht mehr ins Haus!«
»Bei dem hat die Natur einen Fehler gemacht!«
»Das ist und bleibt für mich ein Arsch!«
...

Diese und ähnliche Gedanken über Menschen in deinem Leben kennst du – und ich vermute, noch eine Menge mehr. Wie viele Exemplare von Mensch laufen dir jeden Monat, jede Woche oder täglich über den Weg, von denen du denkst: »Die muss ich wirklich nicht haben! Wenn die nicht da wären, ginge es mir besser«? Die dich nicht kaltlassen, sondern dir kräftig auf die Nerven gehen oder auf die Füße treten? Vielleicht hast du noch gestern einen getroffen, der dich geärgert, genervt oder aus der Fassung gebracht hat?

Ob zu Hause, ob im Job, in der Nachbarschaft oder im Straßenverkehr – überall tauchen sie auf. Und es werden scheinbar immer mehr, die unsere Knöpfe drücken, die uns wütend, ohnmächtig, sprachlos und fassungslos machen und an die wir noch tagelang mit einem Kloß im Hals oder einem Knoten im Magen denken, ja, die uns manchmal sogar noch nachts im Schlaf verfolgen.

Es sind unsere »schwierigen« oder »unfreundlichen« Zeitgenossen, die uns verletzen oder enttäuschen, die uns ignorieren oder übersehen, die sich egoistisch und rücksichtslos verhalten, die uns ausnutzen oder mobben, die uns belügen oder betrügen, die uns aggressiv anfahren und uns ohnmächtig fühlen oder uns spüren lassen: »Du bist nicht mein Freund! Ich mag dich einfach nicht.«

Diese Menschen, die unsere Gefühlsknöpfe drücken und uns – wie wir sagen – »schlechte Gefühle« machen und unsere Freude am Leben oft sehr einschränken oder uns die gute Laune versauen, nenne ich – wie gesagt – unsere »*Arsch-Engel*«. Unser Kopf nennt sie lieber nur »Arsch«, und der »Engel« dahinter erscheint ihm zunächst völlig unpassend.

Warum »Arsch-Engel« und nicht einfach »Arsch«? Ich behaupte, diese Menschen sind für dich und dein Leben extrem wichtig, sie gehören sogar zu den wichtigsten Menschen überhaupt. Aber das musst du (noch) nicht glauben. Ich hoffe, dass du das im Laufe des Buches erkennst. Denn diese Menschen, ob sie zu deiner Familie gehören oder dir in der Arbeit begegnen, ob im Verkehr oder im Supermarkt, sie bieten dir – natürlich unbewusst – ein großes, unschätzbar wertvolles Geschenk an: Sie schubsen dich auf den Weg in ein friedliches, glückliches Leben, in ein Leben der Zufriedenheit und der Freude, der Leichtigkeit und Gelassenheit. Und darum kann der »Arsch« für dich zum »Engel« werden. Und solange das noch nicht der Fall ist, nennen wir ihn übergangsweise »unseren Arsch-Engel«.

Im Moment wirst du vermutlich noch nicht heiß darauf sein, das Geschenk deiner Arsch-Engel auszupacken. (Es ist übrigens immer noch Zeit, das Buch wegzulegen, wenn du denkst: »Also, das ist mir zu krass, zu verrückt!«) Dieses Buch wird dir helfen, dieses Geschenk deiner schwierigsten Mitmenschen zu erkennen und hierdurch deine Lebensqualität, dein Grundlebensgefühl, die Qualität deiner Beziehungen und sogar deine Gesundheit in einem Maße zu steigern, das du im Moment noch nicht erkennen kannst. Aber ich kann dir versichern: Ich übertreibe nicht! Ich habe sehr viele Menschen erlebt und weiß, dass es bereits Zigtausende sind, die sich genau dieses Geschenk in den letzten Jahren abgeholt haben und heute glücklich sind, weil sie im Frieden sind mit sich selbst und mit ihren Mitmenschen oder auf einem guten Weg dorthin.

Eine Frage an dich: Wie wichtig, wie wertvoll sind für dich Frieden und Zufriedenheit? Was würdest du dafür geben, morgen oder sagen wir: in einem Jahr einen tiefen inneren Frieden in dir und mit den Menschen zu genießen, über die du dich heute noch aufregst? Welchen Stellenwert haben der Frieden mit deinen Mitmenschen und deine innere Zufriedenheit für dich? **Ist Frieden für dich eine Kostbarkeit, ein Schatz?** (Halte bitte kurz inne und versuche, dir diese Frage zu beantworten.)

Kannst du dich erinnern, dich jemals bewusst entschieden zu haben, dir ein Leben in Frieden zu erschaffen? Ich vermute nicht, weil dir nicht bewusst war, dass dies in deiner Macht liegt und eine Frage der Wahl ist. Und weil du vielleicht dachtest: »Dazu gehören ein paar mehr als ich selbst. Das kann ich doch nicht allein. Dafür müssten ja auch die anderen ihre Einstellung, ihre Meinung und besonders ihr Verhalten mir gegenüber ändern.«

Ich behaupte das Gegenteil. Ich behaupte, dass du selbst alles in dir hast, um dir in den nächsten Monaten oder wenigen Jahren ein nachhaltig glückliches Leben zu erschaffen, zu dem tiefer Frieden und hohe Zufriedenheit gehören, selbst dann, wenn sich die anderen in ihrem Verhalten nicht ändern sollten. Auch wenn du noch nicht weißt, wie das gehen soll, lade ich dich herzlich ein, dich jetzt – oder später – ganz bewusst zu entscheiden und dir zu sagen: »*Ich entscheide mich, mein Leben zu einem Leben des Friedens, der Freude und der Zufriedenheit zu machen. Ich bin bereit, zu einer Frau / zu einem Mann des Friedens und der Freude zu werden, in Frieden und Harmonie mit mir selbst, mit meinen Mitmenschen und mit dem Leben!*«

Wenn du dir diese Sätze laut vorliest und dir dabei zuhörst, kannst du zweierlei wahrnehmen, besonders dann, wenn du kurz nach dem Lesen die Augen schließt. Erstens: Wie fühlt es sich für dich körperlich an, wenn du deine Worte hörst? Mit welchen spürbaren Empfindungen reagiert dein Körper auf diese Sätze? Zweitens: Was sagt dein Denker dazu? Er mag mit Zweifel, Skepsis und Einwänden reagieren, und das darf er auch. Das ist sein Job, darauf ist er trainiert. Aber nicht nur dein Kopf reagiert auf das, was du bewusst denkst oder laut aussprichst. Auch dein Herz reagiert darauf und vermittelt es dir über deine Gefühle und Empfindungen. Wie fühlt es sich für dich an, diese Sätze aus deinem eigenen Mund zu hören? Lies sie noch einmal und lausche noch einmal in dich hinein ...

Über wen regst du dich (noch) auf?

So gut wie jeder von uns hat so seine ganz speziellen »Spezis« von Knöpfedrückern, der eine mehr, der andere weniger. Wer gehört in deinem Leben dazu? Wer löst in dir neben Ärger oder Wut zugleich Ohnmacht, Hilflosigkeit oder gar Verzweiflung aus? Über welche Person regst du dich mehr oder weniger oft auf? Schauen wir uns die an, die zu den Hauptdarstellern im Theater deines Lebens, zu deiner Familie zählen.

Gehört dein Mann oder Partner dazu, über den du dich regelmäßig aufregst und ärgerst oder von dem du enttäuscht bist, weil er keine Lust mehr auf Sex mit dir hat, dich nie spontan in den Arm nimmt, dich selten küsst oder zärtlich zu dir ist, weil er zu viel arbeitet oder sich mehr mit seinem Sport, seinem Verein oder seiner Karriere beschäftigt als mit dir oder euren Kindern? Weil er zu viel trinkt, sich gehen lässt oder sich noch immer mit seiner Ex-Frau trifft? Oder weil er seine Lust mit einer anderen Frau auslebt oder dich eher wie seine Mutter behandelt und sich manchmal wie ein kleiner Junge benimmt, obwohl er im Job offenbar seinen Mann steht?

Geht dir deine Frau oder Partnerin auf die Nerven, weil sie oft so unzufrieden ist, meckert und an dir rumnörgelt oder dich an deine Mutter erinnert? Hast du das Gefühl, es ihr nie wirklich recht machen zu können? Löst sie in dir das Gefühl aus, als Mann versagt zu haben? Hast du ihr gegenüber ein schlechtes Gewissen, obwohl du dich im Job anstrengst, die Familie finanziell versorgst, den Kredit fürs Haus brav abzahlst und keine »dummen« Sachen machst? Oder bist du frustriert, weil sie, nachdem das Kind oder die Kinder kamen, immer weniger Lust auf Sex hatte und sich daran bis heute wenig geändert hat, während sie ganz in ihrer Mutterrolle aufgeht?

Ist es dein Sohn, der so gar nicht deine Erwartungen und Hoffnungen erfüllt, der für dich eine glatte Enttäuschung ist, für den du dich manchmal sogar schämst? Vielleicht weil er in der Schule nicht den geringsten Ehrgeiz zeigt, faul ist, schon sitzen geblieben oder gar von der Schule geflogen ist oder immer nur vor dem Computer rumhängt? Weil er sich mit den »falschen Typen« umgibt oder nicht weiß, was er beruflich will, manches anfängt und vieles abbricht, weil er Drogen nimmt oder schon straffällig wurde? Oder weil er als schon erwachsener Sohn nichts mehr von dir wissen will und den Kontakt abgebrochen hat?

Ist es deine Tochter, die völlig anders geraten ist, als du es dir gewünscht hast? Die keine Ordnung in ihr Zimmer oder ihr Leben bringt (man nennt es auch »Streuordnung«), die ihren Körper pierct und tätowiert oder die einfach keinerlei Wert auf deine Meinung als Mutter oder Vater legt? Die – wie du findest – zu früh was mit Jungs anfängt oder Freunde anzieht, die gar nicht nach deinem Geschmack sind? Die ständig rummotzt, unzufrieden ist, abhängt, chillt und auf keiner Arbeitsstelle lange durchhält? Oder die dir als Erwachsene deine Enkel vorenthält?

Ist es deine Mutter oder Schwiegermutter, die ihre Nase immer wieder in dein Leben oder in eure Beziehung stecken muss, zu den unmöglichsten Zeiten anruft oder dir mit ihrem »Kind, ich mach mir Sorgen!« auf den Keks geht? Die dich oder deinen Partner immer noch wie ein Kind behandelt oder dir mit ihren diversen Leiden oder Krankheiten Schuldgefühle machen will? Die ihre Enkel zwar sehen will, es aber zu anstrengend findet, sich mal eine Woche um sie zu kümmern?

Oder gerätst du mit deinem Vater oder Schwiegervater regelmäßig aneinander, ärgerst dich über ihn oder lehnst ihn ab, weil er dich offenbar auch ablehnt oder die Art, wie du dein Leben lebst, unmöglich findet? Weil er dich nie in den Arm nimmt oder dich seine Enttäuschung darüber spüren lässt, dass du seine Erwartungen oder Hoffnungen nicht erfüllt hast oder für ihn das schwarze Schaf der Familie bist? Weil er dich gern mit seinen anderen Kindern oder Schwiegerkindern vergleicht?

Und wie sieht das Verhältnis zu deinem Bruder oder deiner Schwester aus, auch wenn du sie vielleicht selten siehst? Welches Gefühl kommt in dir hoch, wenn du an ihn oder sie nur denkst? Ist da eine herzliche

Verbundenheit? Liebst du deinen Bruder oder deine Schwester? Oder ist er oder sie für dich wie ein stetiger »pain in the ass«, wie ein Stachel in deinem Po, den du bisher nicht entfernen konntest? Auch wenn sie Hunderte von Kilometern entfernt leben und auch dann, wenn sie schon gestorben sind, haben wir doch immer noch eine Beziehung zu ihnen, die entweder von Frieden oder von innerem Unfrieden, von Groll, Wut oder Enttäuschung geprägt ist. Wenn deine Eltern noch leben und es etwas zu erben gibt, wie friedlich würde das über die Bühne gehen, wenn es mal ans Aufteilen geht? Aber vielleicht hast du diese »interessante« Erfahrung auch schon hinter dir.

Nun, wie oft hast du bei diesen Beispielen innerlich genickt und gedacht: »Ja genau, darüber ärgere ich mich oft, die bringen mich um meinen Frieden«? Und das sind nur einige wenige Menschen deines Lebens, aber sie spielen darin eine wichtige Rolle, weil du mit ihnen auf eine besondere Weise verbunden bist, weil sie zu deiner Familie gehören. Auch wenn du dich entschieden hast: »Mit ihm oder ihr will ich nichts mehr zu tun haben!« Ja, im Äußeren können wir uns trennen von Eltern, Geschwistern, vom Partner oder auch von den erwachsenen Kindern.
Aber falls du das getan hast, kannst du doch spüren, dass es keine wirkliche Trennung von ihnen gibt, dass du innerlich mit ihnen verbunden bleibst und auch nach der Trennung in dir ein ungutes, unfriedliches Gefühl geblieben ist. Selbst mit einem früheren Ehe- oder Beziehungspartner, etwas lieblos unser(e) »Ex«

genannt, ist es nie wirklich »ex«, das heißt »aus«. Mit jedem Menschen, besonders mit denen unserer Familie und auch mit denen, die uns eine Zeit lang auf unserem Lebensweg begleitet haben, bleiben wir *immer* verbunden, ob im Unfrieden mit ihnen verstrickt oder in Dankbarkeit, Wertschätzung und Liebe ihnen zugewandt. Und je mehr du mit deinem oder deiner »Ex« im Unfrieden bist, desto weniger wirst du den Gedanken akzeptieren können, dass die innere Verbindung zu ihm oder ihr immer bleiben wird, ob im Frieden oder im Unfrieden.

Weder in der Natur noch in unseren zwischenmenschlichen Beziehungen gibt es so etwas wie Trennung. Nur in unserem Kopf existiert so etwas Merkwürdiges. In der Natur wie zwischen uns Menschen gilt: Alles und jeder ist und bleibt mit allem und jedem für immer untrennbar verbunden, und alles beeinflusst sich gegenseitig. Immer und überall herrscht All-Verbundenheit. Auch diesen Gedanken darf dein Verstand heftig abwehren als »Unsinn« oder dergleichen. Das Leben selbst wird dir dann immer und immer wieder durch kleine und große Konflikte und Krisen zeigen, dass der Unfrieden mit den Schlüsselpersonen deiner Vergangenheit Stellvertreter und Nachfolger in dein heutiges Leben zieht, welche die gleichen Gefühle in dir auslösen.

Warum tun die das nur?

Bei all diesen Beispielen von Arsch-Engeln in deiner Familie und in deinem Umfeld willst du vielleicht eine Antwort auf diese Fragen haben wollen: »Warum machen die das nur? Und was hat das mit mir zu tun? Und was kann ich selbst tun, damit mein ständiger oder häufiger Ärger über sie ein Ende hat? Muss ich deren Verhalten einfach ertragen, mich damit abfinden? Muss ich mir das wirklich alles bieten lassen? Könnte er oder sie sich nicht einfach ändern und sich mir gegenüber anders verhalten?«
Auf diese und andere Fragen erhältst du in diesem Buch Antworten, aber nicht alle auf einmal. Dafür sind die Hintergründe, warum dieser oder jener Mensch sich dir gegenüber so verhält oder warum du dich über ihn aufregst und ärgerst, oft zu vielschichtig.

Schauen wir uns erst einmal ein paar Gemeinsamkeiten an, die all die bisher genannten Fälle haben. Auf alle Menschen, die deine Knöpfe drücken, reagierst du impulsiv (und nicht erst nach längerer Überlegung) mit einem unangenehmen Gefühl, in den meisten Fällen mit Ärger, Wut, manchmal fassungslos oder sogar mit Hass. Und du denkst und sagst es auch: »Der / die macht mich wütend / ärgert mich.« Das sieht jedoch nur auf den ersten Blick so aus. Die Wahrheit ist: Du ärgerst dich selbst, du bringst dich selbst in Rage durch deine innere und äußere Reaktion, durch deine Gedanken und dein Verhalten. Und du konntest (bisher) nicht anders reagieren. Es fühlt sich wie ein Zwang an, denn du fühlst dich in diesem Moment ohnmächtig dem Verhalten des anderen ausgeliefert. **In Wirklichkeit bist du nicht dem anderen gegenüber, sondern deinen eigenen Gefühlen gegenüber ohnmächtig. Und das kannst du in Zukunft ändern.** Wir drücken es unbewusst auch aus in dem Satz »Ich ärgere **mich**«, das heißt wir tun es uns selbst an.

Wenn wir auf jemanden oder irgendetwas wütend werden oder uns ärgern, geht das fast immer auch mit dem Gefühl von Ohnmacht oder Hilflosigkeit einher, das wir vor langer Zeit in uns erschaffen und dann tief in uns verdrängt haben. **Unsere Ohnmacht ist meist das entscheidende, tiefer liegende und uns oft unbewusste Gefühl, über das wir uns wirklich ärgern, weit mehr als über das Verhalten des anderen.** Ohnmacht fühlt sich unfrei und abhängig an, wir sind wie gefesselt und gefangen. So will sich niemand fühlen. Wir wollen frei sein und uns frei fühlen, haben aber oft das Gefühl, dass unsere »lieben Mitmenschen« unsere Freiheit einschränken und dass ein freies, glückliches Lebensgefühl von ihrem Verhalten abhängig ist.

Es gab am Anfang unseres Lebens viele Jahre, in denen wir von anderen abhängig waren, die Macht über uns hatten und die diese Macht auch ausübten. Das waren unsere Eltern oder auch Großeltern, oft ältere Geschwister, später Erzieher und Lehrer. Damit ist kein Vorwurf verbunden. Ein Kind hat einfach im Gegensatz zu uns Erwachsenen kaum Wahlfreiheit, und das ist auch in Ordnung und zum Schutz des Kindes oft sinnvoll. Kein Fünfjähriger kann sagen: »Papa, das gefällt mir nicht mit dir, ich zieh morgen aus.«

Dieses Kind, das du damals warst, ist nicht in deinem Fotoalbum verschwunden, sondern ist heute noch sehr lebendig in dir mit seinen damals verdrängten und abgelehnten Gefühlen der Ohnmacht, aber auch mit Gefühlen wie Angst, Wut, Kleinheit, Scham, Schuld und anderen. **Und es ist genau dieses Kind in dir, das dich und deine Reaktionen bis heute in vielen Situationen steuert und beherrscht.** Auch in unserem Gegenüber ist es oft das (in ihm immer noch lebendige) Kind oder der Jugendliche, der unseren Ärger auslöst. Und darum ähnelt unsere Menschenwelt, besonders das Leben in unseren Partnerschaften, Familien und auch in unseren Firmen, in vielen Fällen immer noch einem Kindergarten. Schon gemerkt?

Unsere heutigen »schwierigen« Mitmenschen, wie wir sie nennen, ver-ur-sachen also nicht unsere negativen Gefühle, sondern sie lösen die in uns schon lange vorhandenen Ur-Gefühle durch ihr Verhalten bei uns aus. Das ist ein riesiger und entscheidender Unterschied. Sie holen sie in uns hoch oder legen – im Bild gesprochen – ihre Finger in eine unserer nicht geheilten Wunden, und dann tut's weh. Auch wenn es schmerzhaft ist, ist es dennoch ein sehr sinnvoller Vorgang (auch wenn wir den Sinn bisher oft nicht erkennen oder ihn noch nicht sehen wollen). Warum? Ohne das Verhalten unserer Mitmenschen, sei es Sohn oder Tochter, Chef oder Kollege, Ex-Partner oder Schwiegermutter, würden wir nicht freiwillig an diese Gefühle herangehen. Wir haben sie vor langer Zeit selbst erzeugt und danach in uns verdrängt – und sie sind alles andere als friedlich und harmonisch. Wir würden uns auch heute nicht um sie kümmern, weil wir sie jahrzehntelang abgelehnt, bekämpft und uns von ihnen abgelenkt haben.

Durch diese seit unserer Kindheit verdrängten und unterdrückten Gefühle haben wir in unserem Körper – genauer in unserem Energiekörper* –, viel Unordnung, Druck und Enge, Schwere und andere Empfindungen erschaffen. Diese Energien wollen, wie auch unsere Emotionen, fließen und nicht in uns gestaut bleiben. Denn wenn sie über viele Jahre blockiert bleiben, verursacht dies in uns ein bedrückendes und kein wohli-

---

* Unser »Energiekörper« ist ein für die Augen nicht sichtbarer, feinstofflicher Körper (im Gegensatz zu unserem grobstofflichen, physischen Körper), der ca. 50 bis 60 cm weit über unseren physischen Körper hinausgeht, ihn umhüllt und ihn vollkommen durchdringt. Man nennt ihn unter anderem auch »Ätherischer Körper« oder »Vitalkörper«. Ohne diesen feinstofflichen Körper wäre unser physischer Körper nicht überlebensfähig. Über ihn empfangen wir die Energien, die unser grobstofflicher Körper zum Leben benötigt. Materie allein existiert nicht, sie ist immer von einem feinstofflichen Energiekörper umgeben und durchdrungen, so auch bei einem Baum, einem Fels, einer Blume oder einem Tier. Feinstoffliche Energien sind z. B. unsere Gedanken, unsere Gefühle, unsere Empfindungen oder die Impulse und die Liebe unseres Herzens. All das ist für unsere Augen nicht sichtbar, und dennoch völlig real, denn jeder Mensch kann sie wahrnehmen.

ges Lebensgefühl. Es führt zu vielen Krankheiten des Körpers und immer wieder zu Konflikten mit anderen. Wollen wir zu Freude und Leichtigkeit, Gesundheit, Frieden und einem glücklichen Dasein gelangen, dürfen wir anfangen, mit anderen Augen auf die Konflikte und auf die »Knöpfedrücker« unseres Lebens zu schauen.

Diese Erklärung soll nicht dazu dienen, ein liebloses, verletzendes Verhalten von irgendjemandem zu rechtfertigen oder gar für gut zu erklären. Aber wenn du wirklich verstehen willst, warum dich Menschen nicht liebevoll, wertschätzend, höflich und verständnisvoll behandeln, warum dir dies und jenes mit Menschen immer wieder geschieht, dann wäre es hilfreich, du könntest dich diesen neuen Gedanken öffnen. So findest du den Weg heraus aus Ärger und Konflikten hin zu einem Leben in Frieden und Harmonie in dir und mit deiner Welt.

Das erste »Geschenk« deiner persönlichen Arsch-Engel, sei es in deiner Familie oder an deinem Arbeitsplatz, besteht also darin, dass sie dich mit einem oder mehreren Gefühlen in dir konfrontieren, die du schon lange mit dir herumschleppst. Bisher hast du sie nicht als deine eigene Schöpfung erkannt, aber jetzt darfst du anfangen, dich um sie zu kümmern. Wie das gelingt, beschreibe ich in diesem Buch und zeige es auf vielen meiner CDs. Aber zunächst darfst du verstehen, dass es DEINE Wut, DEIN Ärger, DEINE Ohnmacht, auf Deutsch: DEINE Knöpfe sind, die andere Menschen riechen, sehen, spüren und die sie dann – oft unbewusst – drücken. Für diese Knöpfe und die Gefühle dahinter darfst und kannst du jetzt deine eigene Schöpferverantwortung übernehmen, das heißt sie in Besitz nehmen, sie bejahend durchfühlen und sagen: »Stimmt, dies ist mein Gefühl. Es gehört (im Moment) zu mir, weil ich es irgendwann mal erschaffen habe.«

Unsere Arsch-Engel müssen unsere Knöpfe drücken

Wie oft hast du schon gedacht: »Mein Partner (oder meine Tochter, mein Chef oder mein Nachbar, kurz mein Arsch-Engel) könnte sich doch bitte schön mir gegenüber anders verhalten, freundlicher, hilfsbereiter, kooperativer sein. Er müsste sich nur ein klein wenig zusammenreißen oder ändern, dann ginge es mir gleich besser und wir kämen miteinander besser klar«? Ja, wünschen können wir uns das. Erinnerst du dich, wie oft du diesem Menschen schon gesagt hast, dass du dir ein anderes Verhalten von ihm wünschst? Du erinnerst dich mit Sicherheit noch daran, *wie* du es gesagt hast. War das freundlich, wirklich als Wunsch formuliert, war das ohne jeden Druck, Vorwurf oder Forderung?
Du kannst diesen »Wunsch« formulieren, wie du willst. **Solange du (noch) sauer auf den anderen bist und dich durch deine Anklage und Verurteilung als sein »Opfer« fühlst und ihn als »Täter« betrachtest, weil du denkst: »Er / sie ist schuld an meinem Ärger«, solange kann sich der andere gar nicht ändern.** Und solange kannst du ihm auch nicht freundlich oder gar liebevoll sagen, dass du dir eine andere Beziehungsqualität, ein schöneres Miteinander mit ihm wünschst.

Die meisten von uns können einen entscheidenden Aspekt noch nicht erkennen, wenn es um ihre Konflikte und Auseinandersetzungen mit anderen geht. Er heißt: **Der andere, der dich verletzt, enttäuscht, ärgert oder sonst wie unangenehm berührt oder dich unfreundlich behandelt, kann (zurzeit) gar nicht anders. Er MUSS so reden, und er MUSS sich so verhalten, wie er es tut.** Es ist für ihn wie ein innerer Zwang. Er agiert völlig unbewusst, reflexhaft und weiß nicht wirklich, was genau er da tut und warum er sich so verhält. Und wenn wir anfangen, uns selbst ehrlich im Alltag zu beobachten, stellen wir fest, dass auch wir selbst oft völlig unbewusst, wie unter Zwang, etwas tun oder sagen, was wir »eigentlich« nicht wollten und später nicht selten bereuen.

Sobald wir das *fühlend verstehen*, das heißt nicht nur mit unserem Verstand, können wir beginnen, unsere Aufmerksamkeit vom Verhalten des anderen weg- und uns selbst zuzuwenden. So können wir zu Klarheit und Bewusstheit über diese oft schmerzhaften Begegnungen gelangen. Fangen wir also an, mehr auf uns selbst und auf das in uns zu schauen, was das Verhalten des anderen auslöst oder gar provoziert und bei ihm eine ganz bestimmte Resonanz auslöst. *Re-sonare* heißt im Ursprung »zurücktönen«, »zurückschallen«. Und du kennst den Spruch: »Wie man in den Wald hineinruft, so schallt es heraus«, obwohl das Echo in den Bergen ein stimmigeres Bild wäre, denn ich habe im Wald noch nie ein Echo gehört. Aber beim Echo in den Bergen käme niemand auf die Idee zu sagen: »Also, dieses Echo ist jetzt aber doof, ich wünsch mir ein anderes.« Aber genau das denken wir oft, wenn es um unsere zwischenmenschlichen Beziehungen geht.

Was schicken wir – jeder von uns als schöpferische Energie aussendendes Wesen – jeden Tag vierundzwanzig Stunden lang in die Welt hinaus? Es sind nicht nur unsere Worte, es sind vor allem unsere Gedanken, Überzeugungen und unsere Gefühle. Alles, was wir in uns denken und fühlen, strahlen wir ohne Unterbrechung über elektromagnetische Wellen aus, und diese Wellen treffen auf die Schwingungskörper (die feinstofflichen, nicht physischen Energiekörper) anderer Menschen und bewirken etwas in ihnen. Sie treffen bei ihnen auf ein jeweils anderes Resonanzfeld, denn sie reagieren ja nicht alle gleich auf uns. Ihre Reaktion und Resonanz (ihr »Zurücktönen«) hängt von der Qualität und Quantität der Energien ab, die sie in sich tragen, von ihren Gedanken, Überzeugungen und verdrängten Gefühlen, von der ganzen Art und Weise, wie sie bisher mit ihrer Lebensgeschichte, ihren Erfahrungen mit sich und anderen umgegangen sind.

Jetzt stell dir mal vor, zwei Menschen begegnen sich, die beide mit sich selbst im Unfrieden sind, viele Dinge in sich und an ihrem Leben ablehnen und glauben, sie selbst seien nicht liebenswert. Was denkst du, was zwischen diesen beiden, dort, wo die vom einen ausgestrahlte Energie auf die des anderen trifft, geschieht? Es entsteht, energetisch gesagt, eine Dissonanz (eine Art Missklang) und diese führt dazu, dass beide innerlich auf Distanz zueinander gehen oder aber aneinandergeraten. Denn ein Mensch, der sich selbst innerlich ablehnt und sich selbst nicht liebt, wird kaum zu dem anderen sagen: »Ach schön, dass ich dich treffe.

Wir haben was gemeinsam. Du liebst dich nicht, und ich liebe mich auch nicht. Toll, was?«

Was glaubst du, was geschieht, wenn sich zwei Menschen begegnen, die beide in der Kindheit von ihren Eltern die Überzeugung übernommen haben: »Das Leben ist ein Kampf!« oder »Pass auf, das Leben ist voller Gefahren!« Das wird kaum ein Friedenstänzchen werden mit den beiden. Sie werden instinktiv entweder in eine Angriffs- oder in eine Verteidigungshaltung gehen, weil sie die Grundeinstellung des anderen zum Leben und damit eine potenzielle Gefahr »riechen«. Wer tief in sich – und sei es noch so unbewusst – glaubt, das Leben sei ein Kampf (weil er diesen Spruch von seinen Eltern übernommen oder erlebt hat, wie viel sie zu kämpfen hatten), dem schickt das Leben auch immer wieder etwas zum Kämpfen, die entsprechenden Menschen, Ereignisse und Gelegenheiten. Und wer tief in sich die Überzeugung trägt, das Leben sei unsicher und voller Gefahren, der wird sich unbewusst immer wieder Situationen erschaffen, die ihm diese Einstellung bestätigen. Schau dir das Wort »Über-zeugungen« genau an. So wie wir ein Kind zeugen können, so erzeugen, erschaffen wir auch durch unsere Überzeugungen etwas. Da wir uns ihrer jedoch nicht bewusst sind und nicht gelernt haben, sie zu überprüfen, bringen wir durch sie etwas ins Leben, was wir »eigentlich« gar nicht wollten: Konflikte, Kriege, Mangel, Verluste, Schmerz, Krankheit und Leid. Es klingt radikal, ist aber wahr: Wir wissen in vielen Fällen nicht, was wir tun und durch unsere vielen unbewussten Überzeugungen und Gedanken in unserem Leben anrichten.

Beobachte dich selbst einmal in den nächsten Tagen oder Wochen und spüre, was in dir passiert und was du denkst, wenn du einem dir bisher fremden Menschen begegnest. Auch wenn du vielleicht glaubst, ein offener, herzlicher oder gar spirituell bewusster Mensch zu sein, wirst du vermutlich erstaunt bis schockiert feststellen, **wie du jeden neuen Menschen auf deinem Weg innerhalb von ein oder zwei Sekunden mit deinem Blick »scannst« (wie der Scanner den Barcode), ihn beurteilst und ihn oft verurteilst, bevor du auch nur ein Wort mit ihm gesprochen hast.** Dein innerer Daumen geht sofort hoch oder runter. Wir suchen reflexhaft eine Schublade für die Person uns gegenüber, in die wir sie geistig stecken können, oder kleben ihr ein Etikett auf die Stirn wie »sympathisch« oder »unsympathisch«, »angenehm« oder »unangenehm«, »kann man trauen« oder »Achtung: Gefahr«, »geht so« oder »Arsch« und so weiter.

Viele von uns haben geradezu eine Manie entwickelt, mit der sie jeden und alles Mögliche liken und disliken (oder »dissen«, wie die Teenies sagen). Erinnere dich, wie vor Kurzem die neue Kollegin oder der neue Kollege oder der neue Chef bei euch anfing oder wie der neue Nachbar neben euch einzog? Was hast du auf den ersten Blick über sie oder ihn gedacht? In welcher deiner Schubladen steckt er oder sie seit diesem ersten Moment?

Wie du über dich denkst, so behandeln dich andere

All deine Mitmenschen, die durch ihr Verhalten in dir Ärger oder Wut, Ohnmacht oder Hilflosigkeit, Schuld- oder Kleinheitsgefühle auslösen, sie alle tauchen nicht zufällig in deinem Leben auf. **So unangenehm und schmerzlich die Begegnungen mit ihnen oft sind, diese Menschen sind FÜR dich da.** Ja, du hast richtig gelesen. Sie sind zwar oft gegen dich, sind unfreundlich zu dir, erfüllen nicht deine Erwartungen, betrügen, verlassen oder entlassen dich, aber das Ganze geschieht letztlich FÜR dich. Warum? Damit du aufwachst, etwas ganz Wesentliches über dich erkennst und lernst, wodurch die Beziehungen zwischen uns Menschen beeinflusst werden. All deine Konflikte, der ganze Unfrieden im Außen, sei es in deiner Familie oder im Beruf, all das will dich motivieren, mit dir selbst in die Klarheit, ins Reine, in den Frieden und in eine tiefe Zufriedenheit zu kommen. Genauso wie unsere Krisen und Krankheiten uns oft erschüttern, aufrütteln und aus der (oft eingefahrenen) Bahn, aus unserem Routineleben werfen, so wollen auch unsere Konflikte, all die kleinen oder großen Auseinandersetzungen, Streitereien und Kämpfe in unserem Leben uns wachrütteln.

Denn wir schlafen bisher den Schlaf der Unbewusstheit. Wir denken, sprechen, handeln und fühlen bisher weitgehend unbewusst und erschaffen uns hierdurch

Zustände in unserem Leben, die sich kein Mensch mit Absicht und Bewusstheit erschaffen würde. Wir wissen oft nicht, was wir tun und dass wir selbst all das in unserem Leben erschaffen und das anziehen, was Leid und Streit verursacht.

Würdest du dir bewusst Krankheiten, Konflikte und Krisen erschaffen? Da wir von unseren Eltern fast nie eine Anleitung oder Begleitung zum bewussten Schöpfer erhielten (statt »Erziehung«), weil diese so etwas selbst nicht bekamen, mussten wir ihre Art, mit sich selbst und mit anderen umzugehen, erst einmal übernehmen. Obwohl sie nicht glücklich waren, sondern sich selbst und oft sich gegenseitig unglücklich machten, mussten wir es ihnen abschauen und nachmachen, auch wenn wir es damals viel besser machen wollten als sie.

All die ärgerlichen bis schmerzhaften Vorgänge, die zwischen uns und den anderen stattfinden, haben ihre erste Ursache in uns selbst und vor allem in der Qualität der Beziehung zu uns selbst. Und du weißt oder ahnst zumindest, wie deine Beziehung zu dir selbst aussieht. Danach brauchst du nicht lange zu forschen, sondern nur ein wenig Mut aufbringen zur Ehrlichkeit, genau bei dir hin- und in dich hineinzuschauen. Falls du nicht im Frieden bist mit einigen deiner Mitmenschen, die deine Knöpfe drücken, dann bist du auch nicht im Frieden mit dir selbst. Und da bist du in guter Gesellschaft, **denn fast alle Menschen liegen mit sich selbst geradezu im Krieg. Der Mensch hat gelernt, sich selbst der größte Feind zu sein, sich selbst**

und vieles in und an sich abzulehnen, zu verurteilen und zu bekämpfen. Das mag dir zu krass formuliert sein, aber genauso verhält es sich. Das kannst du an dir selbst und an dir nahestehenden Menschen überprüfen.

Beantworte dir hierzu nur folgende Fragen: Was alles an dir empfindest du als zutiefst liebenswert? Liebst du es, eine Frau beziehungsweise ein Mann zu sein? Bist du eine strahlende glückliche Frau oder ein fröhlicher, stolzer Mann? (Falls du es nicht weißt, schau in den Spiegel.) Liebst und wertschätzt du deinen Körper, oder hast du etwas an ihm auszusetzen? Kannst du dich selbst in den Arm nehmen und mit Mitgefühl und Liebe sagen: »Ich bin mir selbst die beste Freundin / der beste Freund. Ich liebe mich so wie ich bin«?
Bei weit über 90 Prozent aller Menschen bei uns im Westen, hier im »schein-christlichen Abendland«, heißt die Antwort auf die letzten Fragen eindeutig Nein, auch wenn es uns unangenehm ist, uns diese Wahrheit einzugestehen. **Erst seit einigen Jahren dämmert es immer mehr Menschen, dass die Liebe und Wertschätzung uns selbst gegenüber das Gegenteil von Egoismus oder gar Narzissmus ist, sondern die wichtigste Grundlage und Voraussetzung für ein friedliches zwischenmenschliches Miteinander, in der Partnerschaft wie am Arbeitsplatz, in Wirtschaft, Gesellschaft, Politik und in der Welt.**
Solange du dich nicht selbst wirklich liebst und dich weiter für tausend Dinge verurteilst, kritisierst und schuldig fühlst, strahlst du diese unfriedliche Überzeugung samt den dazugehörigen Emotionen in die Welt aus **und forderst hierdurch – völlig unbewusst – andere**

Menschen auf, dich ebenso unfreundlich zu behandeln, wie du selbst es tust. Wer sich selbst also weder liebt noch wertschätzt, muss damit rechnen, dass die Menschen in seinem Umfeld das auch nicht tun.

Du kannst einfach nicht verstecken, was du über dich als Frau oder Mann oder über dein bisheriges Leben denkst und fühlst. Du beziehungsweise deine Gedanken, Überzeugungen, Einstellungen sind »transparent«, das heißt für alle »lesbar«. Du kannst nichts von dir wirklich geheim halten. Ob du willst oder nicht, du strahlst es über die elektromagnetischen Schwingungen deiner Gedanken und Gefühle, über Augen, Stimme, Gestik, Mimik, Körperhaltung und sogar über den Geruch oder Duft deines Körpers aus. »Den kann ich einfach nicht riechen« ist nicht nur im übertragenen Sinn gemeint. Deine Mitmenschen und ganz besonders die, die dir am nächsten sind, Partner oder Kind, Eltern oder Schwiegereltern, Nachbar oder Kollege / Kollegin, registrieren die Botschaft deiner Ausstrahlung. Selbst die Kassiererin im Supermarkt oder in der Tankstelle scannt nicht nur das, was du einkaufen willst, sie scannt auch dich und deinen ganz speziellen und einzigartigen »Barcode«. Denn sie spürt instinktiv, welche Energien du in dir gespeichert hast und was du durch deine Ausstrahlung über dich selbst und deine Einstellung zu deinem Leben der ganzen Welt mitteilst.

Wir wünschen uns Freundlichkeit, Anerkennung, Respekt, Toleranz, Wertschätzung, Lob und letztlich Liebe

von anderen, während wir dies uns selbst oft verweigern. Das ist ein unsinniges Verhalten. Wir hassen es, wenn uns andere kritisieren, verurteilen, schlecht über uns reden oder uns gar mobben. Dabei machen das die meisten jeden Tag mit sich selbst. Wir hoffen, dass unsere Kinder selbstständig und glücklich werden und gut für sich sorgen – und demonstrieren ihnen dennoch täglich, wie wenig wir uns als Väter oder Mütter um unser eigenes emotionales Wohl und Gleichgewicht kümmern, wie lieblos wir mit unserem Körper umgehen, wie wir unsere Wahrheit nicht aussprechen und unser Herz verraten, uns aufopfern und unglücklich sind. Durch dieses Vorbild erziehen wir unsere Kinder zum Unglücklich-Sein, auch wenn uns das Gegenteil am Herzen liegt.

Das ist nicht als Vorwurf gemeint, und ich möchte auch nicht, dass du dich selbst anklagst, verurteilst und deine Schuldgefühle vermehrst, falls die Beispiele auch auf dich zutreffen. Dieses leidige Spiel haben wir alle lange genug gespielt, und wir dürfen jetzt beginnen anzuerkennen, dass wir selbst seit langer Zeit Schöpfer unseres eigenen Unfriedens sind und hierdurch Konflikte, Streit und Verletzungen in unserem Umfeld erschaffen haben.

Jeden Tag tragen Männer und Frauen ihren eigenen persönlichen Unfrieden und ihre Unzufriedenheit mit sich und ihrem Leben in ihre Familien, in ihre Firmen und an ihre Arbeitsplätze, in ihren Sportclub oder ihre Partei und in ihre Nachbarschaft. Denn in ihrem Körper ist all das gespeichert, was sie bisher über sich selbst und über ihr Leben und über andere Menschen denken und fühlen. Unsere gesamte Vergangenheit ist *jetzt* in diesem Körper gespeichert. Jeder von uns trägt sie ständig mit sich herum, und zwar so, wie wir heute auf sie schauen, über sie fühlen und denken, im Frieden oder immer noch im Unfrieden.

Was genau denkst du, wie urteilst du über dich?

Wenn du bereit bist herauszufinden, wie viel unfriedliche Energie du in die Welt ausstrahlst und dadurch unfriedliche Ereignisse und Menschen in dein Leben ziehst, dann schau dir einmal folgende Gedanken an und prüfe, welche du bereits über dich selbst glaubst und welche (noch) nicht.

Welchen der folgenden Gedanken kannst du zustimmen, welche sind für dich wahr? Kreuze diese bitte an.

- ○ *»Ich bin ein wunderbarer, liebenswerter Mensch.«*
- ○ *»Ich kann stolz sein auf alles, was ich bisher erlebt und erfahren habe.«*
- ○ *»Ich mag meinen Körper und bin ihm sehr dankbar für alles, was er für mich tut.«*
- ○ *»Ich bin sehr gern Frau, ja, ich liebe es, eine Frau zu sein. / »Ich finde es großartig, ein Mann zu sein.«*
- ○ *»Ich habe der Welt und meinen Mitmenschen viel zu geben, und das Beschenken anderer macht mir große Freude.«*
- ○ *»Ich habe schon viele Herausforderungen meines Lebens erfolgreich bewältigt. Und darauf bin ich stolz.«*
- ○ *»Ich habe Lust, immer mehr zu entdecken, was alles in mir steckt an Möglichkeiten und Talenten.«*

- »*Ich bin mir selbst die beste Freundin / der beste Freund.*«
- »*Ich kann mir erlauben, auch mal schwach zu sein, durchzuhängen und mich dann selbst in die Arme zu nehmen.*«
- »*Wenn ich mal in ein Loch falle, dann vertraue ich darauf, dass ich da auch wieder herausfinde.*«
- »*Ich muss mich nicht mit anderen vergleichen, weil ich weiß, dass ich meinen ganz eigenen Wert habe und wertvoll bin.*«
- »*Ich stehe zu mir, ganz gleich, was andere über mich sagen oder denken.*«
- »*Ich bin ein Segen für alle Menschen, die mir begegnen.*«

Wenn du solche Gedanken noch nicht über dich denkst und glaubst, bringt es wenig, wenn du sie dir als Affirmationen vorbetest und »positives Denken« praktizierst. Dein Unbewusstes lässt sich nicht austricksen. Mach dir zunächst einmal klar, was deine wahren bisherigen Überzeugungen über dich sind, und sei ehrlich zu dir. Schau dir bitte die Aussagen der folgenden Liste durch und kreuze auch hier an, welche Gedanken du selbst über dich kennst.

- »*So, wie ich bin, kann ich mich nicht ganz annehmen und lieben, und ich halte mich auch nicht für besonders liebenswert.*«
- »*Ich kann mich manchmal selbst nicht ausstehen.*«
- »*Ich habe in meinem Leben schon viele Fehler gemacht, und viele davon kann ich mir nicht verzeihen.*«

- »*Manchmal schäme ich mich für meinen Körper und verstecke ihn lieber.*«
- »*Ich fühle mich manchmal wie ein Versager oder Verlierer.*«
- »*Ich finde es ätzend, eine Frau zu sein. / Ein Mann zu sein bedeutet für mich Arbeit und Kampf, aber keinen Spaß.*«
- »*Ich wüsste nicht, was ich meinen Mitmenschen Besonderes zu geben hätte.*«
- »*Ich bin im Leben gescheitert.*«
- »*Ich stehe mir selbst oft im Weg und sabotiere mich manchmal selbst.*«
- »*Ich kann mich im Spiegel nicht lange anschauen.*«
- »*Ich hasse mich.*«
- »*Ich brauche andere Menschen, die mich mögen.*«

Diese Gedanken ziehen Enttäuschung und Schmerz in dein Leben, weil du dich täuschst, wenn du sie glaubst. Wie gesagt riechen deine Mitmenschen solche Überzeugungen, sie nehmen sie instinktiv wahr. Und solche, die ähnlich abwertend und verurteilend über sich denken, neigen dazu, dich abzulehnen, weil sie sich selbst ablehnen. Denn es ist oft einfacher, an einem anderen das abzulehnen oder anzugreifen, womit man bei sich selbst nicht im Frieden ist. Kurz gesagt: **Wer sich selbst nicht liebt, der wird auch von vielen anderen nicht wertgeschätzt, geachtet und geliebt. Und er fordert unbewusst andere auf, ihn so zu behandeln, wie er sich in seinem Innern selbst behandelt.**

Deine unfriedliche Vergangenheit holt dich heute ein

Je älter wir werden, desto mehr spüren und erkennen wir, dass all das, was vor zig Jahren in unserer Kindheit und Jugend geschah, zwar zeitlich lange zurückliegt, aber unsere Gefühle und unsere Beziehungen im Heute bestimmt. Alles, was wir damals erlebten – mit Eltern und Geschwistern, auch mit den Großeltern, wenn sie da waren –, wirkt heute in uns und bestimmt maßgeblich unsere heutige Lebenswirklichkeit, unser Lebensgefühl und die Qualität unserer Beziehungen im Privaten wie am Arbeitsplatz. Unser Kopf glaubt zwar, es sei heute nicht mehr so wichtig, was vor dreißig, vierzig oder mehr Jahren geschah. Aber da irrt er gewaltig. **Besonders die Gefühle von Ärger, Enttäuschung oder Kränkung, von Wut und Ohnmacht, Neid und Eifersucht, der ganze Unfrieden mit uns selbst und unseren Mitmenschen in der Gegenwart – sie wollen uns zeigen, dass wir mit unserer eigenen Vergangenheit, mit dem, was vor langer Zeit in und mit dem Kind geschah, das wir einmal waren, nicht »fertig«, nicht im Frieden sind.**

Denn unsere erlebte Vergangenheit tragen wir in uns, ganz gleich wohin wir gehen, ob wir auswandern oder »nur« 500 Kilometer von unserem Elternhaus entfernt wohnen oder ob wir den Kontakt zu Vater, Mutter und

Geschwistern abbrachen und glauben, dieses Kapitel sei »erledigt«. Jeder Augenblick unseres Lebens, sogar die Zeit im Bauch der Mama, ist samt unseren Gefühlen, Gedanken und körperlichen Empfindungen in unserem Energiekörper gespeichert. Und all das, womit wir bis heute keinen Frieden gemacht haben, was wir bis heute nicht geheilt haben in den Beziehungen zu den anderen und in der Beziehung zu uns selbst, wirkt heute in uns wie eine Energieblockade und verursacht unseren heutigen Ärger, unsere Unzufriedenheit, Konflikte und auch die meisten Krankheiten. Hier können die Energien in uns nicht so fließen, wie alle Energien fließen wollen: frei und leicht. Sei es unsere Lebensfreude oder unsere Liebe, sei es unser Atem, unser Blut oder unsere Lymphe.

Wir können vor unserer Vergangenheit nicht fliehen. Und je mehr wir es versuchen, desto kräftiger und oft schmerzhafter holt sie uns in diesen Jahren der Transformation wieder ein. Weiter vor uns selbst und unserer Vergangenheit zu flüchten geht jetzt nicht mehr. Bist du also mit dir und deinen Mitmenschen heute nicht im Frieden, bist du es auch nicht mit deiner Vergangenheit und mit der einen oder anderen Schlüsselperson deiner Familie.

Ich kann die Unlust gut verstehen, die viele bei dem Gedanken empfinden, noch einmal gründlich zurückschauen zu dürfen in ihre Vergangenheit. Aber das ist genauso wichtig, wie beim Autofahren ab und zu in den Rückspiegel zu schauen. Denn die meisten Konflikte, der allergrößte Teil unserer heutigen Unzufriedenheit, unseres Ärgers und Unfriedens hat seine Ursachen in der Zeit, in der wir vollkommen abhängig waren von einem oder zwei Menschen, zunächst physisch und emotional und später noch finanziell. In dieser Zeit hatten wir keine Macht, nicht die Freiheit, unsere eigenen Entscheidungen über unser Leben zu treffen. Das kann ein Kind noch nicht. Wir durchlebten viele Jahre ohne Macht, Jahre der Ohnmacht und Abhängigkeit und vor allem Jahre der Angst, ganz besonders der Angst, nicht genug Aufmerksamkeit, Anerkennung und Liebe zu erhalten. Und diese Gefühle von Ohnmacht und Angst, von Ärger und Wut und manch andere werden von einigen Mitmenschen und Ereignissen unserer Gegenwart jetzt wieder nach oben geholt, sei es durch den Chef oder den Nachbarn, die Schwiegermutter oder den Bruder.

Fragen an dich: Wer ist heute in deinem Leben in der Lage, dich zu nerven, dich wütend zu machen oder zu verletzen? In der Gegenwart welcher Menschen fühlst du dich zuweilen oder oft ohnmächtig, hilflos, sprachlos oder gar wie gelähmt? Wer kann dich auf die Palme bringen oder zur Weißglut treiben? Um welche Menschen an deinem Arbeitsplatz oder in deiner Nachbarschaft machst du lieber einen Bogen, und welche Typen kannst du nicht ausstehen, findest sie sogar »zum Kotzen«?
Wie ich schon andeutete: Diese Menschen sind extrem wertvoll und wichtig für dich, wenn du dir ein glückliches Leben wünschst mit Frieden in dir und mit deinen Mitmenschen. Sie alle sind entweder Stellvertreter

oder Platzhalter für eine der Personen deiner Kindheit und Jugend oder zeigen dir etwas, was du an dir selbst nicht haben oder was du nicht sein wolltest – es aber dennoch *auch* bist und in dir selbst finden kannst.

Bist du bereit, genau hinzuschauen und herauszufinden, wie und warum du Menschen in dein Leben gezogen hast und immer wieder anziehst, die dich nerven, dich wütend machen oder manchmal sogar ausflippen lassen, die dich enttäuschen, verlassen oder abwerten? Es wird nicht immer angenehm sein, das zu erkennen. Aber das Geschenk, das du dir hiermit machen kannst, heißt: Frieden, Freude und Zufriedenheit, kurzum ein glückliches Leben. Hast du die Entscheidung aus dem ersten Kapitel (S. 26) schon bewusst getroffen?

Was wir alles nicht sein wollen und doch auch sind

Seit unseren ersten Kinderjahren wurde jedem von uns mehr oder weniger deutlich gemacht, wie wir bitte schön sein und uns verhalten sollten. Wir lernten zu unterscheiden, was unsere Eltern, Erzieher und Lehrer gut oder schlecht an uns fanden und wann wir ein Lächeln, ein Lob oder Liebe erhielten und wann ein strenges Wort, Ablehnung, Kritik, Liebesentzug, Strafe oder gar Schläge erfolgten. Und wir taten vieles, um das erste zu erhalten und das zweite möglichst zu vermeiden. Wir erhielten ein sehr klares Menschenbild, das in »gute« und »schlechte« (auch »böse« genannte) Eigenschaften und Verhaltensweisen eingeteilt war. Und da wir als Kind von der Aufmerksamkeit und Liebe mindestens eines Menschen vollkommen abhängig und auf ihn angewiesen waren, strengten wir uns an, seinen Erwartungen und Wünschen so gut wir konnten zu entsprechen.

Die meisten von uns tun dies bis heute in ihren Beziehungen zu anderen Menschen, besonders in der Partnerschaft, im Freundeskreis und am Arbeitsplatz. Die Botschaft damals wie heute lautet: »Wir lieben dich / mögen dich / bleiben bei dir / beschäftigen oder befördern dich, wenn ..., ja, wenn du uns wenig Ärger und viel Freude machst, wenn du dich anpasst, einordnest, unterordnest und uns keine Sorgen und keinen Kummer machst, unsere Meinungen teilst und unsere Erwartungen erfüllst und fleißig bist. Werde und sei so ›normal‹, wie wir es sind! Und wenn du das nicht tust, kannst du mit Ärger rechnen.«

Wir lernten bereits in unseren ersten sechs Lebensjahren, eine Menge an uns selbst zu verurteilen, abzulehnen und zu verstecken und kamen zu der Überzeugung: »So wie ich bin, bin ich nicht liebenswert. So kann ich mich nicht lieben, und so können mich auch andere nicht annehmen und lieben! Ich muss aufpassen, dass sie nicht merken, wie ich wirklich bin! Eigentlich sollte ich anders sein oder besser werden.« **Hier in diesen Jahren liegt die Geburtsstunde fast aller unserer später auftretenden Konflikte mit unseren Mitmenschen und des Unfriedens in unserer Welt.** Aber wie schon gesagt, hier trifft keinen »die Schuld«. Unsere Mütter und Väter haben nur das unbewusst fortgesetzt, was sie gelernt und an sich selbst erlebt haben. Sie konnten nicht anders – wie auch unsere Erzieher und Lehrer. Sie haben ihr Bestes gegeben, auch wenn du das vielleicht deinem Vater oder deiner Mutter bis heute noch nicht zugestehen, geschweige denn ihnen aus ganzem Herzen danken kannst. So klafften, je älter wir wurden, unser Bild von uns selbst und unser Wunsch-Selbstbild immer weiter auseinander. Es braucht deinen Mut und deine Entscheidung zur Wahrhaftigkeit, um zu erkennen, wie viel du bis heute an und in dir ablehnst, mit was in dir du alles im Krieg liegst.

Und weil es schmerzlich ist, sich das einzugestehen, weil wir uns tief innen für das Abgelehnte in uns schämen und wütend auf uns selbst sind, tun wir alles, damit wir es uns nicht jeden Tag anschauen müssen. Wir verdrängen, verstecken und verleugnen es so lange, bis uns nicht mehr bewusst ist, dass wir im Krieg mit uns selbst liegen. Stattdessen verlagern wir diesen Krieg mit uns selbst auf das Feld unserer Beziehungen und ziehen mehr und mehr Menschen in unser Leben, die in unseren Augen schuld daran sind, dass es uns nicht gut geht oder uns dies oder jenes geschieht.

Schau dir auf der folgenden Seite einmal die Liste der Eigenschaften an und stell fest, was du selbst nicht sein willst, auch wenn du sehr schnell erkennst, dass du das eine oder andere dennoch an dir entdeckt hast.

Wie und was willst du *nicht* sein?

Kreuze bitte auf der Liste all das an, was du *nicht* sein willst und ablehnst. Geh dabei langsam voran (nicht nur mit deinen Augen, sondern mit deinem Fühlen) und halte nur zwei Sekunden bei jedem Wort an. Spüre, wie stark deine jeweils gefühlte Ablehnung dieser Eigenschaft oder diesem Gefühl gegenüber ist.

- *aggressiv*
- *egoistisch*
- *jähzornig*
- *aufbrausend*
- *nachtragend*
- *rachsüchtig*
- *traurig*
- *depressiv*
- *einsam*
- *krank*
- *schwach*
- *unzuverlässig*
- *undiszipliniert*
- *arrogant*
- *unpünktlich*
- *faul*
- *unordentlich*
- *schüchtern*

- *erfolglos*
- *dumm*
- *größenwahnsinnig*
- *eifersüchtig*
- *neidisch*
- *missgünstig*
- *ungeschickt*
- *unauffällig*
- *zu auffällig*
- *verrückt*
- *kriminell*
- *kleinkariert*
- *pingelig*
- *geizig*
- *unfrei*
- *verwirrt*
- *planlos*
- *hässlich*

- ○ *schlampig*
- ○ *unattraktiv*
- ○ *langweilig*
- ○ *zu klein*
- ○ *zu groß*
- ○ *normal*
- ○ *sterblich*
- ○ *feige*

- ○ *ängstlich*
- ○ *jammernd*
- ○ *leidend*
- ○ *normal*
- ○ ...
- ○ ...
- ○ ...

Und jetzt lade ich dich ein, mit folgender Frage noch einmal durch die Liste zu gehen und bei jedem Wort kurz innezuhalten: »*Wo oder wann habe ich mich genauso gefühlt oder mich genauso verhalten? Wo bin ich das in meinem heutigen Leben auch?*«

Unser Verstand hat dazu in der Regel keine große Lust und wird nur kurz darüber weghuschen wollen. Ich empfehle dir: Hab den Mut zur Wahrhaftigkeit, und schau dir selbst in die Karten. Halte bei jedem Wort an, schließe die Augen und schau, welche Szene deines Lebens auftaucht, wo du das auch bist oder dich genauso verhältst.

Unsere Arsch-Engel zeigen uns, was wir an uns selbst ablehnen

Auch wenn du dieses oder jenes nicht sein willst, wie oft hast du schon festgestellt, dass du doch hier oder da auch so bist (zum Beispiel unfrei, eifersüchtig, unordentlich oder aggressiv)? Oder dass du dich ab und zu (oder oft) genauso verhältst? **Je stärker deine emotionale, ablehnende Reaktion bei einer Eigenschaft ausfällt, desto sicherer kannst du davon ausgehen, dass du das *auch* bist oder dich hin und wieder genauso verhalten hast oder (noch) verhältst.**
Ich empfehle dir, ein weiteres Mal langsam durch die Liste des letzten Kapitels (S. 60) zu gehen, diesmal mit der Fragestellung: »Auf welche Menschen in meinem Umfeld (Familie, Beruf, Freundes- und Bekanntenkreis) treffen einige dieser Begriffe aus meiner Sicht genau zu? Wen von ihnen empfinde ich zum Beispiel oft als langweilig, unzuverlässig, arrogant, egoistisch oder ... oder ... oder ... Über wen rege ich mich deshalb auf?«

Oft haben wir gelernt, eine Eigenschaft oder einen Gefühlszustand (wie »traurig«) abzulehnen und zu verdrängen, dass wir dies auch sind. Dann neigen wir dazu, das Gegenteil hiervon besonders zu betonen und zu denken: »Ich bin dies, aber das Gegenteil davon bin ich auf keinen Fall.« Sind dir zum Beispiel Sauberkeit und Ordnung in deiner Wohnung ganz besonders wichtig, und regst du dich gleichzeitig über die Unordnung deines Partners, deiner Tochter oder deines Sohnes immer wieder auf? Dann will deine Aufregung dich dazu auffordern, dir einmal all das anzuschauen, was in dir selbst (zum Beispiel in deinen Gedanken und Beziehungen zu dir selbst und zu anderen) nicht in der Ordnung oder geordnet ist. Oder auch in deinem Keller, deinen Schubladen oder Steuerunterlagen.

Ebenso ist jeder Unfrieden mit uns und anderen ein Zeichen von innerer Unordnung. **Je einseitiger und rigider wir darauf bestehen, nur das eine zu sein, zum Beispiel fleißig oder ehrgeizig, desto mehr müssen Menschen in unserem Leben auftauchen, die in unseren Augen das Gegenteil, hier also faul sind.** Wenn du stolz darauf bist, die Aufgaben deines Alltags möglichst schnell und effizient zu erledigen, dann wundere dich nicht, wenn andere um dich sind, die du als »zu langsam« oder gar als »Lahmarsch« empfindest. Kennst du Menschen, denen »beim Gehen fast die Beine einschlafen«? Was denkst du über sie?

Ob du es glaubst oder nicht: Diese Menschen können (im Moment) nicht anders. Und sie zeigen dieses Verhalten oder diese Eigenschaft *auch* für dich, ohne dass ihnen dies bewusst ist. Sie tun das nicht, um dich zu ärgern, auch wenn du das denkst, sondern sie können, wie gesagt, gar nicht anders. Sie gleichen ein Ungleichgewicht aus, das du und andere in deiner Familie oder in deiner Abteilung oder Firma in sich selbst erschaffen haben. Sie leben das aus, was andere auch sind, was sie jedoch unter den Teppich gekehrt haben und nicht sein wollen.

Wir haben zwei Beine, zwei Arme, zwei Augen, zwei Ohren und so weiter, also viele »Zweiheiten« oder Dualitäten am Körper, genauso wie wir nicht nur ein- oder nur ausatmen, sondern das eine das andere bedingt und beide Seiten zusammengehören. Genauso sind wir auch innerlich duale und keine einseitigen Wesen. Wir sind als Menschen immer beides. Wir sind laut und leise, aggressiv und friedlich, fleißig und faul, ehrlich und unehrlich, ordentlich und unordentlich, verurteilend und liebend und vieles andere mehr. Aber wir wollen oft nur das eine sein und das andere nicht. Wir haben gelernt, vieles an uns abzulehnen, was wir doch *auch* sind.

Mag sein, dass sich in dir hiergegen etwas heftig wehrt. Wer will schon zugeben, dass er auch hier und da unehrlich ist und nicht immer die Wahrheit sagt? Wenn du jedoch in einer Beziehung mit einem anderen Menschen lebst, in einer Partnerschaft oder Ehe, wirst du schon gemerkt haben, dass du manches nicht ausspricht, was deiner Wahrheit entspricht, weil du zum Beispiel Angst hast, wie dein Partner darauf reagiert. Die Wahrheit nicht auszusprechen ist auch eine Form von Unehrlichkeit. Gegenüber einer Freundin oder einem Freund sind wir in manchen Punkten viel offener und ehrlicher als bei unserem eigenen Partner.
Und wenn du immer nur lieb, brav und friedlich sein willst (weil du es in der Kindheit so gelernt hast), es in

deinem Innern jedoch nicht bist, dann ist auch das eine Form von Unehrlichkeit, die weder dir und deinem Körper noch deinen Beziehungen guttut. Wundere dich dann nicht, wenn das Thema der Aggression sich an dieser oder jener Stelle zeigt, sei es durch ein wütendes Kind, einen Unfall oder eine aggressive Krankheit.

Wie lange willst du noch das »Opfer« spielen?

Jedes Mal, wenn wir jemanden anklagen, ihm etwas vorwerfen und ihn verurteilen, tun wir etwas, was uns nicht bewusst ist und was wir »eigentlich« nicht wollen: Wir machen uns selbst zum Opfer des anderen, indem wir ihn zum Täter erklären. Wir sind zwar einerseits Kritiker und Richter über den anderen und erheben uns damit über ihn. Zugleich jedoch sagen wir: »Weil du so und so bist oder dies und jenes getan oder nicht getan hast, muss ich leiden, habe weniger oder bin nicht glücklich. Und dafür bist du verantwortlich.« Durch solche Gedanken machen wir unsere Partner, Kinder, Eltern, Chefs, Nachbarn, Geschwister und andere zum Täter und uns zu ihrem scheinbaren Opfer. Wir fühlen uns dann auch als solches. **Wir besetzen also gleich drei Rollen in diesem privaten inneren Gerichtsverfahren. Durch unsere Art zu denken sind wir Ankläger, Richter und Opfer zugleich.** So wie im Außen immer mehr Menschen wegen absurder Kleinigkeiten vor Gericht ziehen, um wütend und trotzig »auf ihrem Recht« zu bestehen, so befinden sich noch viel mehr Menschen in ihrem Innern ständig vor Gericht und jammern, klagen und urteilen.

Die Vorstellung, das Opfer des anderen zu sein, wehren die meisten vehement ab. Ich werde nie vergessen, wie ein Mann in einem meiner Seminare wütend über seinen Bruder sprach, der trickreich dafür gesorgt hatte, dass er nichts vom elterlichen Erbe abbekam. Dieser Mann bestand vehement darauf, der Bruder sei »ein Arschloch«, und wollte nichts davon wissen, dass er sich mit diesem Urteil zu dessen Opfer mache. Er rief: »Nein, er ist und bleibt für mich ein Arschloch, aber sein Opfer bin ich nicht!«

Ich bitte dich: Prüfe das selbst mal am Beispiel der Menschen, denen du bis heute etwas vorwirfst, ganz gleich was es ist. **Liste schriftlich diese »Täter« auf, die bei dir noch in der Schuld stehen, und schreibe auf, was sie dir in deinen Augen angetan haben,** aber nicht hätten antun sollen. Hier wirst du vielleicht empört einwerfen: »Aber mein Vater hat mich wirklich geschlagen«, oder: »Mein Ex hat mich wirklich mit den Kindern sitzen gelassen« und Ähnliches. Ja, jeder findet in seinem Leben einige Menschen, die ihm entweder nicht wohlgesonnen waren, ihm etwas wegnahmen, ihn verließen, verletzten oder ihm sonst einen Schaden zufügten. Und es denkt in ihm: »Der oder die hätte das nicht tun sollen!«

Tatsache ist aber: Es ist passiert, sei es erst gestern oder schon vor langer Zeit. Und wir schmollen und grollen Jahre und oft Jahrzehnte wegen etwas, was schon lange geschehen ist. Wir frischen mit unseren wütenden Gedanken die Urteile auf, die wir über die »Täter« gefällt haben. **Wir schreiben das Schuldbuch mit den vielen »Er hätte ... sollen« und »Sie hätte nicht ... dürfen« voll und machen uns gedanklich zum**

Gläubiger, dem viele etwas schulden. Aber emotional geben wir uns die Rolle des Opfers.

Das Fatale daran ist: Es wirkt erstens extrem schädlich auf die Gesundheit unseres Körpers, zweitens auf unsere emotionale Befindlichkeit, und drittens bewirkt dieses Denken, dass wir weitere Opfererfahrungen in unser Leben ziehen. Mach dir doch mal bewusst, wie oft du schon ähnliche negative Erfahrungen gemacht hast. Wie oft bist du schon von anderen Menschen enttäuscht, verlassen, betrogen oder bestohlen worden? Wie oft haben sich Menschen dir gegenüber aggressiv oder abweisend verhalten? Wie oft hast du dich von anderen ignoriert, klein gemacht oder zurückgesetzt gefühlt?
Hieraus kannst du entweder schließen, dass es halt viele Idioten gibt oder das Leben ungerecht sei. Oder du kannst dich langsam fragen: »Was könnte ich vielleicht selbst dazu beigetragen haben, dass mir das passiert ist? Und was gebe ich noch heute täglich durch meine Gedanken über mich, über die anderen und über das Leben selbst an Energiewellen in die Welt hinaus? Wie unfriedlich sieht es in meiner Gedanken- und Gefühlswelt aus?«

Wenn du wirklich etwas ändern willst in deinem Leben, führt dich die Frage: »Wer hat Schuld und wer nicht?« nicht weiter, sondern in eine Sackgasse. Um diese Frage dürfen sich Rechts- und Staatsanwälte streiten, und ein Richter am Gericht muss entsprechend einem Strafgesetzbuch ein Urteil fällen. Aber das Leben selbst verläuft nicht nach den Gesetzen, mit denen wir Menschen bisher unser Zusammensein regeln. Das Leben ruft uns zu: »Ihr seid von Natur aus große Schöpferwesen, aber ihr habt es vergessen. Was ihr mit euren Gedanken und Gefühlen, Worten und Werken täglich in die Welt schickt, das ist eure Saat, die morgen auf dem Acker eures Lebens aufgeht. An euren ›Früchten‹, an den Disteln oder Rosen in eurem Leben, werdet ihr erkennen, wes Geistes Kind ihr bisher ward und zurzeit seid. Ihr habt die Wahl, ob ihr weiter scheinbare Opfer des Lebens und eurer Mitmenschen sein wollt oder ob ihr jetzt in eure Schöpfernatur hinein erwachen wollt.«

Ja, es ist wahr: Jeder von uns hat mehr oder weniger viel Schmerzhaftes, Enttäuschendes und Verletzendes schon in Kindheit und Jugend erlebt, in der Zeit, als unser Wohlergehen von anderen abhängig war. Und dafür waren wir *nicht* verantwortlich, denn wir waren entweder zu klein oder nicht frei zu entscheiden, ob wir bleiben oder gehen wollen. Aber heute als Erwachsene, seit wir von zu Hause auszogen (und auch dann, wenn du noch mit über zwanzig bei Muttern wohnst), tragen nur wir und niemand anders die Verantwortung dafür, wie wir mit diesen Erfahrungen unserer Vergangenheit und unseren heutigen Gedanken und Gefühlen dazu umgehen. Wir entscheiden, wer wir heute sein wollen: Unbewusste, uns selbst und andere verurteilende Opfer oder bewusste, verstehende und liebende Schöpfer.

Diese Entscheidung, ob du im Bewusstsein eines verurteilenden vermeintlichen Opfers oder in dem eines

bewussten, kraftvollen und liebenden Schöpfers durch dein Leben gehen willst, ist die wichtigste Entscheidung deines Lebens. Sie kann für Frieden in dir und mit deinen Mitmenschen sorgen. Bisher haben sich die meisten unbewusst für die Opferrolle entschieden, und sie frischen sie jeden Tag auf, indem sie verurteilen, klagen und anklagen. Wenn du das auch für dich erkennst, frage ich dich: Willst du das weiter tun? Willst du hierdurch weiterhin Ärger, Konflikte, Unfrieden, Streit und Krieg in dein Leben ziehen? Solltest du das nicht wollen, darfst du jetzt bewusst und klar eine neue Entscheidung treffen und sagen: *»Ich bin jetzt bereit, meine Schöpferrolle und Schöpferverantwortung für mein Leben, meine Schöpfungen, für die Qualität meiner Beziehungen zu mir und zu anderen bewusst zu übernehmen. Ich entscheide mich für den Weg des tiefen inneren und äußeren Friedens.«* Dieser Weg ist nur über das Herz möglich und das heißt, über die Kraft und Macht der Liebe, die in dir ist und die du bist. Denn das Herz »denkt« anders als der von Angst regierte und verwirrte Verstand.

Nur diese Entscheidung führt dich aus den Gefühlen von Ohnmacht, Hilflosigkeit, Abhängigkeit und Unfreiheit hinaus, die mit der Opferrolle verbunden sind. Seine Schöpferverantwortung zu erkennen und bewusst zu übernehmen ist eine machtvolle Angelegenheit und kein netter esoterischer Gedanke. **Diese Entscheidung holt dich aus deiner gefühlten Handlungsunfähigkeit und Ohnmacht heraus und öffnet dir den Zugang zu der Macht, deine Lebenswirklichkeit und -qualität neu zu erschaffen und zu gestalten.**

Zu dem Wort »Macht« haben jedoch viele eine negative ablehnende Haltung. Unbewusst sagen sie: »Ich will gar keine Macht haben, denn Macht ist etwas Schlechtes. Macht wird so oft von anderen missbraucht, und das lehne ich ab.« Damit schütten sie das Kind aber mit dem Bade aus. Macht bedeutet im Kern die Kraft, etwas Neues aus dem zu machen, was jetzt vor dir liegt. **Solange du es ablehnst, deine Macht (= Schöpferkraft) über dein Leben in Anspruch zu nehmen, wählst du das Gegenteil, das heißt Ohnmacht. Du selbst entscheidest unbewusst, dich ohnmächtig dem Leben und deinen Mitmenschen ausgeliefert zu fühlen. Und zugleich forderst du durch diese Entscheidung, die du ausstrahlst und die jeder an dir »riechen« kann, andere auf, Macht über dich auszuüben, deine Freiheit einzuschränken, dich zu manipulieren und zu beherrschen, dich auszunutzen und zu benutzen.**

Die Schöpferverantwortung für dein Leben zu übernehmen heißt nicht, dich selbst dafür anzuklagen, dass es bisher nicht so verlief, wie du dir das gewünscht hast. Es hat nichts mit Schuld zu tun. Es bedeutet jedoch, dich zunächst einmal für den Gedanken zu öffnen, dass du nicht gewusst hast, wie Leben und Erschaffen hier auf der Erde funktionieren. Und dass du dir oft nicht bewusst warst und bist, welche Folgen es hat, dich selbst oder andere zu verurteilen, dich zu trennen von der Liebe zu dir und zu ihnen und dein Herz zu verschließen für Mitgefühl und Verständnis. Seine Verantwortung zu übernehmen und sein Leben bewusst in die eigenen Hände zu nehmen, heißt, bewusst und immer bewusster auf das zu antworten (durch dein Denken, Sprechen und Handeln), was dir im Leben begegnet, was dein Körper und die Qualität der Beziehungen zu deinen Mitmenschen dir zeigen.

Erst wenn du diese Schritte in deinem Innern gehst und dein Herz öffnest für die Liebe und das Mitgefühl zu dir selbst und zu dem ängstlichen, wütenden oder traurigen Kind in dir, kannst du kraftvoll und wirkungsvoll die Richtung in deinem Leben ändern. Nichts zu ändern und weiterhin das Opfer zu spielen scheint auf den ersten Blick bequem. Aber die Mangelzustände, das Leid und den Schmerz, die du hierdurch erzeugst, sind alles andere als bequem oder angenehm, sondern führen zu Verzweiflung und Einsamkeit, Krankheit und Krieg in deiner Welt.

Die Inventur deiner Arsch-Engel

Ich empfehle dir sehr, mal eine Aufstellung all jener Menschen deines Lebens, deiner Vergangenheit wie deiner Gegenwart, zu machen, die deine »Knöpfe« drücken oder gedrückt haben. Liste also einmal auf, mit welchen Männern und Frauen deines Lebens (und Kindern in deiner Kindheit) du bis heute nicht im Frieden bist. Sobald du ihre Gesichter vor deinem inneren Auge siehst, spürst du das sofort: durch eine unangenehme körperliche Empfindung und durch ein Gefühl wie Groll, Ärger, Scham, Ohnmacht, Wut, Missgunst oder Rachsucht.

Nimm dir hierzu einige Blätter und schreib nicht nur den Namen auf, sondern jeweils dahinter das, was du an ihm oder ihr nicht gemocht hast oder magst. Schreib auf, was er oder sie dir angetan hat. Notiere also seine/ihre Eigenschaften und Verhaltensweisen, die du nicht magst. Fang mit deinen Familienmitgliedern an.

Liste der Arsch-Engel meiner Vergangenheit und Gegenwart

Vorname und Name	*Was du an dieser Person nicht magst, mochtest oder ihr vorwirfst*
Beispiele	
Vater	dass er nie da war; Jähzorn, sein Kuschen, Trinken, dass er mir nichts zugetraut hat, ...
Mutter	ihr Jammern, Klagen und sich Sorgen machen, dass sie mich nicht vor Papa geschützt hat ...
Bruder	...
Schwester	...
Tante	...
Onkel	...
Lehrer/in	...
Lehrerin Y	...
Ex-Mann / Ex-Frau	...
Ex-Freund/in Y	...
...	

Die »schwarzen Schafe«
in der Familie und am Arbeitsplatz

In unseren Familien geht es meist zu wie in einem Theaterstück. Jeder hat seine ganz eigenen Seiten und verhält sich auf eine ganz spezielle Weise. Wir alle spielen unterschiedliche Rollen, die wir uns unbewusst aussuchten und die uns andere unbewusst zuwiesen. Aber was wir da spielen und leben, ist selten unsere Wahrheit, ist nicht das, was wir wirklich sind. Fast alle haben wir gut gelernt, uns zu verstellen, unsere unangenehmen Seiten zu verstecken und unsere Schokoladenseite zu zeigen, damit andere uns mögen und nicht ablehnen. Weder wir noch unsere Eltern wurden in der Kindheit aufgefordert zu zeigen, was wirklich an Besonderem in uns steckt, an Stärken, Talenten, Vorlieben und Impulsen. Weder sie noch wir wurden ermutigt herauszufinden, wer wir wirklich sind. Und die wenigsten wissen es bis heute. **Wir glauben bisher weitgehend genau das über uns, was andere über Jahre zu uns und über uns sagten. Wir schlossen aus ihren Reaktionen uns gegenüber auf unseren Wert.** Sie konnten uns nicht sagen: »Vergiss nie, dass du unendlich liebenswert bist und dass das Leben dich liebt und unterstützt.« Oder: »Achte darauf, was du über dich denkst, denn so wie du denkst, so fühlst du dich auch, und entsprechend behandeln dich die anderen.«

Unsere Erziehung in Elternhaus und Schule ist bis heute keine Anleitung und Begleitung auf dem Weg zu einem authentischen, selbstständigen Menschen, der nach der Wahrheit seines Herzens lebt. Früh lernen wir, uns anzupassen, zu verstellen und zu schauen, wie wir »gut ankommen«, um so viel Anerkennung und Aufmerksamkeit und so wenig Ablehnung und Zurückweisung wie möglich zu erhalten. Darum haben bis heute nur wenige Menschen den Mut und die Fähigkeit, ihre ganz eigene Wahrheit zu erforschen. Ja, die meisten ahnen kaum, dass es so etwas gibt. Sie trauen sich aus Angst vor Ablehnung nicht, ihrem Herzen zu folgen und sich selbst und ihre Wahrheit zu zeigen, sie selbst zu sein. Darum fühlen sie sich entsprechend unfrei und sind frustriert oder wütend über dieses Lebensgefühl und ihr bisheriges Leben. Genau das ist die Hauptquelle ihrer Wut anderen gegenüber. Viele glauben, ihr Leben »versemmelt«, Wichtiges verpasst oder große Fehler gemacht zu haben.

Eine der wichtigsten Fähigkeiten auf dem Weg zu innerem und äußerem Frieden ist die Fähigkeit, dort Nein zu sagen, wo sich etwas für uns nicht stimmig anfühlt oder wo wir spüren: »Das will ich eigentlich nicht!« Das konnten unsere Eltern uns nicht vermitteln, und kaum eine Mutter oder ein Vater tut es auch heute. Wir sagen auch als Erwachsene oft Ja zu etwas, was wir nicht wirklich wollen. Und das tun wir vor allem »um des lieben Friedens willen« beziehungsweise um unsere Ruhe und keinen Krach zu haben. Dies nenne ich den »Verrat am eigenen Herzen«, ein Leben in der

Unwahrheit. Es führt uns in eine tiefe Unzufriedenheit, in der wir mit der Zeit auf uns selbst sauer sind. Für dieses Sauersein auf uns selbst übernehmen wir jedoch selten unsere Verantwortung, sondern verleugnen das Ganze und suchen nach Schuldigen im Außen. Und wenn mehrere oder alle mehr oder weniger unzufrieden sind, einigen sie sich oft auf einen oder zwei Hauptschuldige, sei es in der Familie, in der Nachbarschaft oder in der Abteilung einer Firma.

Die Rolle des »schwarzen Schafes« ist eine der wichtigsten und zugleich undankbarsten in unseren Gemeinschaften und Beziehungen. Wer war oder ist immer noch das schwarze Schaf oder der »Sündenbock« in deiner Familie? Wer ist der Hauptschuldige, der für das Nichtglücklich-Sein der anderen verantwortlich gemacht wurde oder noch wird? An wem reiben sich die anderen, über wen wird am meisten hergezogen und hinter vorgehaltener Hand geredet? Wer erhält die größte Verachtung oder die geringste Wertschätzung? Wer zieht bei euch regelmäßig die »Arschkarte«?
Bist du es vielleicht selbst? Oder ist es dein Vater, der oft zu viel trank, manchmal ein jähzorniger Tyrann war oder die Familie im Stich ließ? Ist es die Mutter, die eure Familie dominierte oder mit ihrem Leiden und Jammern alle Aufmerksamkeit auf sich zog? War es dein Bruder, deine Schwester, die oft »an die Wand gestellt« wurden, auf die alle mit dem Finger zeigten?
Die Menschen, denen diese Rolle zugewiesen wird oder die selbst diese Rolle auf sich ziehen und erschaffen und die von den anderen, die sich im Recht fühlen,

ausgegrenzt werden, erfüllen für diese eine sehr wichtige Funktion. **Diese Menschen erlauben den anderen, die sie ausgrenzen, sich als »normal« zu fühlen oder als »vernünftig«, »besser«, »klüger«, »erfolgreicher« oder anderes. Auf jene ausgegrenzten »schwarzen Schafe« wird all das projiziert (also gedanklich abgeladen), was die »Normalen« nicht sein wollen und aus ihrem Bewusstsein von sich selbst ausgrenzen.**

Ein Grundbedürfnis jedes Menschen ist es, zu anderen dazuzugehören, sich verbunden zu fühlen mit anderen, sei es mit einem Menschen oder einer Gemeinschaft, wie einer Familie oder einer Abteilung. Wir lernten jedoch schon früh, uns mit anderen zu vergleichen, und wurden mit anderen verglichen, sei es mit der Schwester, dem Bruder, dem Kind von nebenan, mit den Erfolgreicheren in der Klasse, in der Nachbarschaft oder der Verwandtschaft. Und dieses oft schmerzhafte und kränkende »Spiel« des »Der ist besser als du« und »Ich bin besser als sie« (auf Deutsch: »mehr wert«) spielt die Menschheit jetzt schon ein paar tausend Jahre. Aber das war nicht immer so und hat nichts mit unserer wirklichen Natur zu tun. Es ist ein gelerntes und immer wieder weitergegebenes Muster des Denkens und Verhaltens, das nicht natürlich ist. Es entspricht nicht der Wahrheit unseres Herzens. Es hat nichts mit Liebe, Mitgefühl, Verständnis, Respekt und Wertschätzung dem anders Erscheinenden oder sich abweichend Verhaltenden gegenüber zu tun.
Dieses »Ich bin besser als du« und »Wir sind besser als ihr« ist der Ur-Sprung und Ur-Grund für die Kriege

in der Welt wie für den Krach zwischen Menschen in ihren Gemeinschaften. »Wir glauben an den richtigen Gott, ihr habt den falschen«, »Wir sind die Fleißigen, ihr die faulen Versager und Schmarotzer«, »Wir sind die wahren Deutschen, Briten, Amerikaner ... – ihr seid die Fremden, die Eindringlinge«, »WIR sind das Volk – ihr nicht«, »Wir ernähren uns richtig, ihr falsch« und so weiter.

Die Zeitschriften, Bücher und Filme sind voll von diesem Stoff der Ausgrenzung. Fast jeder Spielfilm, jeder Roman (und nicht nur jeder Krimi), lebt von der Faszination der Ausgegrenzten, der Sonderlinge, Kriminellen, Außenseiter, Verrückten, von allen, die anders sind als wir selbst. So kann der Normalbürger vor seinem Flachbildschirm und seinem Bier denken: »Gott sei Dank bin *ich nicht* so!«

Wer den Wunsch nach Frieden und Zufriedenheit in sich selbst, in seinem Leben und mit seinen Mitmenschen hat, wer ein Interesse an der eigenen Wahrheit hat und den Mut, diese Wahrheit in sich selbst zu finden, den lade ich herzlich ein: Schau dir genau an, warum du selbst ausgegrenzt wurdest oder wirst. Und wenn du nicht zu den »Ausgegrenzten« gehörst: Was ärgert dich, regt dich auf oder stößt dich ab an den schwarzen Schafen deiner Umgebung? Was könnte das mit dir zu tun haben? Was könnte dir helfen, dich selbst ebenso wie die anderen und die wahren Gründe für deinen Ärger und Schmerz wirklich verstehen zu lernen und deine tiefste Wahrheit in dir zu finden? Und um zum Friedensstifter in dieser Welt zu werden, in der die geistigen und realen Brandstifter gerade wieder viel Auftrieb haben? Wir können nicht den Frieden oder ein anderes friedliches Verhalten von anderen fordern, solange der Frieden mit uns selbst und in uns noch nicht eingekehrt ist und die alten Wunden noch nicht geheilt sind.

Unsere Welt ist (auch) ein Kindergarten

Wenn wir verstehen wollen, warum wir uns so oft über andere ärgern, warum sie uns aufregen und mit ihrem Verhalten unsere Knöpfe drücken, dürfen wir unseren Blick einmal auf das Kind werfen, das in jedem von uns hockt. »Was für ein Kind?«, magst du fragen und den Gedanken für absurd halten, dass du als Frau oder Mann nicht allein mit dir durch die Welt läufst. Aber wenn du dich und die Menschen, besonders deine Partner, Kolleginnen und Kollegen oder andere um dich herum nur ein wenig beobachtest, wirst du feststellen, dass sie mehr oder weniger oft in das Verhalten eines wütenden, verletzten, ängstlichen oder enttäuschten Kindes zurückfallen. Und genauso tust du selbst es auch hin und wieder.

Denk nur mal an den letzten Krach oder die letzte Enttäuschung, die du mit deinem Partner erlebt hast. Wie genau hast du reagiert, als du selbst sauer, verletzt oder enttäuscht über sein Verhalten warst? Konntest du deine Gefühle und Gedanken ruhig und gefasst ausdrücken, ohne dein Gegenüber anzugreifen, ohne Vorwurf, Anklage oder Schuldverteilung?

Fast immer, wenn uns etwas stört oder gegen den Strich geht, wenn unsere Erwartungen oder Hoffnungen von einem anderen enttäuscht werden, wenn wir uns nicht

gemocht oder geliebt fühlen, rutschen wir in die Rolle und in die Gefühle des kleinen Jungen oder Mädchens hinein, die wir einmal waren. Ja, dieses Kind in uns übernimmt dann das Steuerrad, und wir verhalten uns – oft im Nachhinein selbst erstaunt darüber –, verärgert, beleidigt, trotzig, schmollend, grollend, wütend oder gar rachsüchtig. Wir verlieren nicht selten die Fassung, sind fassungslos. Wir fallen – wie wir sagen – »aus der Rolle« des vernünftigen Erwachsenen oder sind zeitweise »wie von der Rolle«.

Wie reagierst du oder wie würdest du reagieren, wenn zum Beispiel ...
- ... dein Partner drei Stunden später nach Hause kommt als erwartet oder abgesprochen, ohne anzurufen und Bescheid zu geben, dass es später wird?
- ... deine Gehaltserhöhung, die man dir für dieses Jahr in Aussicht stellte, unerwartet auf das nächste Jahr verschoben oder gestrichen wird?
- ... dir jemand, der nach dir auf den Parkplatz am Supermarkt kommt, die Parklücke, in die du gerade fahren willst, frech vor der Nase wegschnappt und dir dann vielleicht noch den Stinkefinger zeigt?
- ... du zu spät feststellst, dass dir die Kassiererin nicht auf deine 100 Euro, sondern nur auf 50 Euro das Restgeld rausgegeben hat?
- ... wenn dein Sohn oder deine Tochter dir so nebenbei mitteilt, dass er oder sie voraussichtlich in diesem Jahr sitzen bleiben wird?

Auch wenn du nicht zu denen gehörst, die sofort aufbrausen und ausrasten, wie es manche unserer Väter und auch Mütter taten, frage ich dich: Wie gehst du mit deinen Gefühlen um, die in solchen Situationen in dir hochkommen? »Da habe ich mich nicht im Griff gehabt«, »Da habe ich die Kontrolle über mich verloren und etwas gesagt oder getan, was ich eigentlich nicht sagen oder tun wollte«, heißt es dann oft.

Wenn wir uns selbst und das Verhalten unserer Mitmenschen, sei es unser Partner, unsere Eltern oder Geschwister, unsere Kollegen, Kunden oder Chefs nicht nur verstehen, sondern auf Dauer ein friedliches Miteinander erschaffen wollen, dann dürfen wir den Zustand und die Macht des Kindes in uns und in ihnen erkennen und es bewusst wahrnehmen lernen. **Ich behaupte, die Welt ist voller enttäuschter, verletzter, trauriger und wütender Kinder in erwachsenen Körpern. Sie alle haben in Kindheit und Jugend nicht das bekommen, wonach sie sich sehnten: genug Anerkennung, Wertschätzung, Geborgenheit, Annahme, Lob und Liebe.** Das ist keine Kritik an Eltern, Erziehern und Lehrern. Denn auch in ihnen steckte ein Kind, das ähnliche oder weit härtere Erfahrungen hinter sich hatte.

Diese Kinder in uns lernten schon früh durch Kritik, Ermahnungen, Bestrafungen und Liebesentzug zu glauben, sie seien nicht in Ordnung oder liebenswert. Wir hörten immer wieder Sätze, deren Kernaussage war: »So bist du für mich nicht in Ordnung oder liebenswert«, »Wenn du so weitermachst, dann passiert etwas«, »Reiß dich mal zusammen!« oder »Jetzt hör endlich auf, jetzt reicht's aber!« Diese Kritik von außen muss ein Kind glauben, es kann nicht selbstbewusst antworten: »Glaubt ihr nur über mich, was ihr wollt. Ich weiß, dass ich so, wie ich bin, in Ordnung bin. Wenn ihr mich nicht liebt, dann liebe ich mich halt selbst.«

Das Kind in jedem von uns sehnt sich nach freundlichen Mitmenschen, nach Respekt, Rücksichtnahme, Verständnis, Mitgefühl, Annahme, Geborgenheit, Sicherheit, Unterstützung und Liebe. Kannst du diese Sehnsucht in dir spüren und sie dir zugestehen? Als Kind haben uns die Menschen um uns herum dies nicht immer oder nur selten geben können. Und das war schmerzhaft und hat Trauer und eine Sehnsucht danach in uns hinterlassen. Und so denkt das Kind in uns oft: »Die Welt schuldet mir (noch) etwas. Ich will, dass ich das endlich bekomme, worauf ich ein Recht habe und was ich schon so lange vermisse.«
Das erklärt auch den großen Unfrieden an unseren Arbeitsplätzen. Hast du nicht auch manchmal das Gefühl, in einem Kindergarten zu arbeiten? Hier treffen wir immer wieder mal auf Kollegen und Kolleginnen, die mit sich selbst unzufrieden sind, die streitsüchtig, eifersüchtig, neidisch oder missmutig auf andere reagieren und immer wieder das Gefühl haben, von den anderen ungerecht behandelt zu werden. Sie fühlen sich schnell gekränkt. Ist es dir nicht selbst schon mal so ergangen?
Den meisten ist nicht klar, dass morgens nicht nur erwachsene Menschen zur Arbeit kommen, sondern mit ihnen auch immer ein Kind, das in ihrem Innern lebt. Dieses Kind fühlt sich selten geliebt, geachtet und ge-

sehen, weil wir Erwachsenen nie lernten, unsere Verantwortung für die Befindlichkeit des Kindes in uns zu übernehmen.

Da die meisten noch nicht um dieses innere Kind wissen und nicht begonnen haben, sich gut um es zu kümmern, passiert an unseren Arbeitsplätzen dasselbe wie damals zu Hause zwischen uns und unseren Geschwistern oder anderen Kindern aus der Nachbarschaft oder in der Schule. Da herrschte ein Wettbewerb oder gar ein Kampf um das »Mangelgut« Aufmerksamkeit, Lob und Liebe. Mutter und Vater waren Menschen, die sich selbst und einander auch oft nicht das geben konnten, was ihre inneren Kinder sich von dieser Beziehung versprachen. Viele haben gelernt, Liebe als etwas zu betrachten, das nicht in überreichem Maße vorhanden ist. Kaum jemand hat uns gesagt, dass das, wonach wir im Außen oder bei anderen suchen, nämlich letztlich Liebe, unbegrenzt in uns selbst, und zwar in unserem Herzen vorhanden ist. Dass wir uns selbst all das schenken können, was wir uns von anderen so sehr ersehnen: so angenommen und geliebt zu werden, wie wir sind, mit allem Drum und Dran. Und das dürfen und müssen wir jetzt langsam begreifen, wenn Frieden und gegenseitige Wertschätzung in unsere privaten wie beruflichen Beziehungen einkehren soll.

Besonders schmerzhaft war es für viele in ihrer Kindheit, wenn da plötzlich noch ein kleines Brüderchen oder Schwesterchen ankam, auf das sich alle mit ihrer Aufmerksamkeit stürzten (»Ist er/sie nicht süüüß?«).

Und sie standen mit ihren zwei, drei oder wie viel Jahren daneben und fühlten sich ... ja, zurückgesetzt in die zweite Reihe und abgespeist mit Sätzen wie: »Du bist ja schon groß. Jetzt freu dich doch über dein Brüderchen / Schwesterchen.« Ähnlich war es in ihrem Verhältnis zu Geschwistern, die oft krank oder gar behindert waren oder einen Unfall hatten und dadurch besonders viel Aufmerksamkeit und Zuwendung erhielten.

Das Kind, das diese Sonderbehandlung nicht erhielt, empfand dies oft als einen schmerzhaften Verlust von Aufmerksamkeit und als Liebesentzug. Und diese Wunde ist nicht geheilt, denn die Zeit heilt keine Wunde, wie das Sprichwort sagt. Sie bricht genau dort wieder auf, wo wir uns mit anderen vergleichen und wo wir beurteilt und verglichen werden: insbesondere an unseren Arbeitsplätzen. Wird eine Kollegin befördert oder sogar zur neuen Chefin gemacht, wer reagiert da oft sehr verstört oder störrisch? Das kleine Mädchen oder der kleine Junge in uns. Bekommt der Kollege besondere Anerkennung im Team-Meeting für eine Leistung, was denkt und vor allem fühlt es dann in dir? Mal ehrlich: Kannst du anderen aus ganzem Herzen ihren Erfolg und eine besondere Anerkennung gönnen und dich sogar mit ihnen freuen?

Unangenehme bis schmerzhafte Gefühle der Wut, der Missgunst, des Neides oder der Eifersucht wollen dich darauf hinweisen, dass jene alte Wunde der Kindheit noch nicht geheilt ist. Dies jetzt und in den nächsten Monaten geschehen zu lassen ist dein ganz eigener »Job« und deine Verantwortung. Bist du schon bereit, dich dafür zu entscheiden?

»Aber man wird doch noch erwarten dürfen, dass ...«

Kannst du inzwischen erkennen, woher der Ärger, die Wut und der ganze Unfrieden in anderen Menschen und in dir selbst stammen? Kannst du dich dem Gedanken öffnen, dass die »schlechten« Gefühle, die unsere Mitmenschen in uns auslösen oder hochholen, schon lange vorher in uns waren? Dass wir selbst und niemand anders sie erzeugt haben und wir die Urheberschaft für sie anerkennen und unsere Verantwortung für sie übernehmen dürfen? Wie das konkret geht, wie wir aus Unfrieden Frieden machen in uns und mit anderen und wie wir negative Gefühle in positive verwandeln können, das beschreibe ich im zweiten und dritten Kapitel dieses Buches anhand von vielen Beispielen.
Damit uns dies aber wirklich gelingt, dürfen wir zuvor noch einige unserer Gedanken, Überzeugungen und Einstellungen, das heißt unsere geistige Haltung und unser dadurch gewohntes alltägliches Verhalten anschauen. Daran haben wir uns über Jahrzehnte gewöhnt, weil es als »common sense« gilt. Das heißt, dass es als allgemein akzeptiertes Gedankengut im Bewusstsein der Masse angesehen wird, das bisher kaum jemand ernsthaft infrage stellt.

Ich lade dich ein, dir einmal bewusst zu machen, mit wie vielen Erwartungen du durch dein Leben gehst –

Erwartungen an andere Menschen, Erwartungen an das Leben und Erwartungen an dich selbst. In ihnen liegt eine der größten Quellen für Enttäuschung, Verletzung, Kränkung und letztlich Wut und Ärger, also für den Unfrieden, den du in dir und um dich herum wahrnimmst.

Was erwartest du von deinen Mitmenschen im Allgemeinen und im Besonderen von denen, die dir nahestehen? Könnte es sein, dass du im Stillen damit rechnest, dass du erhoffst, erwartest oder gar von ihnen forderst, dass sie sich freundlich, nett, respektvoll, höflich, wertschätzend oder gar liebevoll dir gegenüber verhalten? In der häufig gehörten Formulierung: »Das darf man doch wohl erwarten!«, wird schon deutlich, dass es sich hierbei eher um eine Forderung handelt. Also laufen wir wie eine Art »Gläubiger« durch die Welt, dem die anderen dies und jenes schulden.

Diese Erwartungen und Forderungen setzen den anderen in ein Schuldverhältnis dir gegenüber. Du kannst davon ausgehen, dass jeder Mensch, der dir begegnet, sehr schnell spürt, welche Haltung du ihm gegenüber in deinen Gedanken einnimmst. Wie würdest du reagieren, wenn jemand dir gegenüber diese Erwartungen offen aussprechen und sagen würde: »Frau (oder Herr) Soundso, ich erwarte von Ihnen, dass Sie mich mögen!« Ich denke, du würdest zumindest etwas irritiert aus der Wäsche schauen. Aber genau das sagen uns viele Menschen unausgesprochen, und wir unsererseits teilen es ihnen mit, indem wir es denken. So gut wie jeder hat Erwartungen an sein Gegenüber. Er wartet darauf, dass der andere ihn freundlich, respektvoll und so weiter behandeln und nicht unfreundlich und abweisend sein möge.

Schau dir das Wort »Er-warten« bitte genauer an. Hier steckt das »Warten« drin. Anders gesagt: Wer etwas erwartet, der begibt sich in eine Warteposition. Und die fühlt sich nicht gut an, denn wir wollen *jetzt* etwas bekommen und haben, wir wollen nicht darauf warten. Und der andere, der unsere Erwartungen spürt, fühlt sich unter Druck gesetzt.

Stell dir eine Situation vor: Du kommst zu jemandem zu Besuch und weil du ihm eine Freude machen willst, bringst du ein Geschenk für ihn mit. Und in dem Augenblick, wo du ihn siehst, sagt er (wie ein Kind das gern tut): »Hast du mir auch etwas mitgebracht?« Nun, wie fühlst du dich in diesem Moment? Du wirst kaum fröhlich antworten: »Ja, ich habe mir schon gedacht, dass du ein Geschenk von mir erwartest. Da hast du es.«

Wollen wir das finden, wonach wir uns alle zutiefst sehnen, ein Leben in Frieden und Zufriedenheit, dürfen wir uns erstens unsere Erwartungen bewusst machen. Zweitens dürfen wir sie zurücknehmen. Ja, du hast richtig gelesen: sie zurücknehmen und uns für neue Gedanken entscheiden. Der innere Kritiker wird vielleicht empört fragen: »Was, ich darf nichts von niemandem erwarten? Dann gehe ich doch leer aus!« Ich sehe das genau umgekehrt: **Je mehr Erwartungen du an andere hast, desto enttäuschter und leerer wirst du am Ende sein. Und auch wütender, weil dein Verstand**

glaubt, die anderen hätten dir nicht das gegeben, was sie dir in deinem (unbewussten) Denken schulden.
Wenn du zum Beispiel von deinem Partner erwartest, er möge dir mehr Liebe, Verständnis, Aufmerksamkeit etc. entgegenbringen, dann ist dies deinerseits kein Akt von Liebe, sondern von kleinkindlichem Haben-Wollen. Meine Wahrheit ist: Dein Partner kann dir im Moment oder bisher (warum auch immer) nicht mehr Liebe, Verständnis etc. schenken als er es tut. Dein Kopf denkt zwar vielleicht trotzig: »Doch, könnte er, wenn er nur wollte!« Aber du steckst nicht in deinem Partner. Du kennst vielleicht Teile seiner Lebensgeschichte und einige seiner gewohnten Reaktionen, aber niemand kann wirklich beurteilen, was ein anderer jetzt im Moment geben kann und was nicht. Und wenn er dir nicht gibt, was du gern hättest, dann ist es ein Akt der Liebe, ihm zuzugestehen, dass er es nicht kann.
Du erinnerst dich vielleicht an manch unschöne Auseinandersetzung zwischen dir und deinem Partner, die in Streit und Verletztheit endete, weil du etwas von ihm oder er von dir einklagen wollte, weil du oder er etwas forderte oder sich beklagte, dass ihm etwas vom anderen fehle. Auf dem Höhepunkt solcher Streitereien hören wir dann oft Sätze wie: »Du hast mich *noch nie* wirklich geliebt!« oder »Du bist *immer schon* ... (dies oder jenes) gewesen!«

Wie findest du aus diesem Dilemma heraus? Indem du dich selbst für die Liebe und das Lieben entscheidest. »Und was soll das konkret heißen«, will dein kritischer Verstand vielleicht wissen. (Spüre mal bitte, welche Gefühle du gerade in dir fühlen kannst. Fühlt es sich gerade friedlich in dir an?) **Konkret heißt Lieben in dieser Situation, dass wir erstens unsere Erwartungen und Forderungen an den anderen zurücknehmen und zweitens beginnen, uns selbst das zu schenken, was wir bisher vom anderen haben wollten.** Ja, ob du es glaubst oder nicht, du kannst dir all das geben, was du bisher von deinem Partner oder deinem Chef, deinem Bruder, deiner Schwester oder von deinen Freunden haben wolltest. Denn es ist immer und immer wieder dasselbe. Wir wünschen uns ein offenes Ohr, Verständnis, Mitgefühl, Geduld, Herzlichkeit, Freundlichkeit, Zeit, Verzeihen, Unterstützung, Anerkennung, Wertschätzung, Geschenke, Belohnungen, Geborgenheit, Lob, Liebe und manches mehr – das heißt Aufmerksamkeit in vielfältiger Form. Aber letztlich ist es immer die Liebe, nach der wir uns bei anderen sehnen, denn die aufgelisteten »Geschenke« entspringen alle der Haltung der Liebe, es sind ihre Ausdrucksformen.

»Und wozu brauche ich dann einen Partner, wenn ich mir all das selbst schenken soll, was er mir nicht gibt?«, hakt dein hartnäckiger Verstand vielleicht nach? Erstens: Du »brauchst« keinen Partner, und du »sollst« dich nicht beschenken. Du hast die freie Wahl, dich zu entscheiden, was und wie viel du dir erst mal selbst schenken willst.

Warum macht es zutiefst Sinn, sich zunächst einmal selbst jene Geschenke zu machen, die ich aufgezählt habe? Weil man erst dann selbst etwas zu schenken hat, wenn man sich »erfüllt« fühlt, reich an Fülle und

Erfüllung. Sonst kommen in der Partnerschaft oder in anderen Beziehungen nur zwei Bettler zusammen, die sich gegenseitig in die Tasche greifen und nach einer Zeit enttäuscht feststellen: »Du hast ja auch nichts zu geben!«

Solange du glaubst und denkst: »Ich brauche dies und jenes von meinem Mitmenschen oder vom Leben«, sei es Liebe, Geld oder Anerkennung und Lob, erzeugst du einen Zustand des Mangels in dir und in deinem Leben. Denn die Worte »ich brauche« bedeuten, übersetzt für das Leben selbst, das dir sehr gut zuhört: »Ich habe nicht genug. Ich bin im Mangel, im ›Manko‹, im Soll«. Und das Leben antwortet auf jede deiner Gedanken und Überzeugungen immer auf die gleiche Art und Weise: »So sei es denn! Wie du denkst und glaubst, so geschehe dir!«

Unsere meist unbewussten Erwartungen wirken also destruktiv (oder kontraproduktiv) in unseren zwischenmenschlichen Beziehungen. Mit den vielen »Er/sie sollte«-Gedanken türmen wir Berge von Schulden vor dem anderen auf, von denen wir glauben, er müsse sie abtragen, weil er uns ja so viel schulde. Nur unser Verstand beharrt darauf, jede Beziehung sei doch schließlich ein »Geben und Nehmen«. Es könne doch nicht immer nur einer geben und der andere nehmen. Solche Gedanken äußern meist Menschen, die anderen viel gegeben haben und irgendwann frustriert darüber sind, dass nichts oder nur wenig zurückkam. Wenn du zu diesen Menschen gehörst, frage dich: Was war dein wahres Motiv, so viel zu geben, sei es in deiner

Partnerschaft, in deiner Firma, in deiner Familie oder in einer anderen Beziehung zu Menschen? Warum hast du damals vielleicht diesen Helferberuf (Arzt, Krankenschwester, Pflegerin ...) gewählt, oder warum hast du dich jahrelang um diesen Menschen gekümmert? Hast du es vor allem getan, weil es dir eine Freude war? Oder hofftest du insgeheim, dafür Anerkennung und Lob oder sonst etwas zurückzubekommen? Ähnelte dein Verhalten vielleicht dem Muster deiner Mutter, die sich für die Familie aufopferte und am Ende leer, verbittert oder enttäuscht dastand? Ein solches Verhalten erzeugt mit der Zeit Unzufriedenheit, Groll und Wut auf sich selbst und auf die anderen.

Ich empfehle dir, mach die Dinge, die du tust, nicht »um ... zu ...«, das heißt, um etwas dafür zu erhalten. Tu sie einzig und allein deshalb, für dich selbst oder für andere, weil es dir Freude macht. Wenn du deiner Arbeit vor allem aus dem Motiv nachgehst, *um* damit Geld *zu* verdienen und nicht deshalb, weil dir diese Arbeit große Freude macht und du dankbar für diese Arbeit bist, legst du die Grundlage für Enttäuschung, Erschöpfung und Krankheit. Dasselbe geschieht, wenn du mit einem Menschen zusammenlebst, *um nicht* allein *zu* sein und nicht darum, weil es dir ein Genuss ist, mit ihm das Leben und die Liebe gemeinsam zu feiern. Denn dein Herz und dein Körper spüren, dass sie bei solchen Motiven keine Energie erhalten. **Dort, wo die Freude fehlt, sei es bei deiner Arbeit oder in deinen Beziehungen, dort fließt keine Energie. Dort entstehen Gefühle der Leere, der Sinnlosigkeit, der Lange-**

weile und Starre. Letzteres wird derzeit auch in der Bewegungseinschränkung vieler Körper, besonders bei den Gelenkschmerzen und -krankheiten sichtbar. Wir bewegen uns zwar körperlich beim Joggen, im Fitnesscenter oder beim Yoga, aber viele bewegen sich geistig und in ihrem Leben, in ihrer Entwicklung nicht weiter. Doch das Leben ist nicht als »Parkplatz« gedacht, sondern als Prozess stetiger Veränderung, als Wachstum und Ausdehnung unseres Bewusstseins. Es ist eine Bewegung aus der Unbewusstheit in Richtung Bewusstheit, aus Unklarheit in mehr und mehr Klarheit, aus äußerer und innerer Abhängigkeit in die Freiheit.

Solange wir unsere Beziehungen zu Beziehungen des »Gebens und Nehmens«, von »Soll und Haben« und damit zu Handels- und Wirtschaftsbeziehungen machen, zieht sich die Liebe zurück und Enttäuschung und Trennung sind vorprogrammiert. Wenn es Liebe ist, dann ist es eine Beziehung von Schenken und Sich-beschenken-Lassen, ohne Forderungen und Erwartungen.
Und solltest du zu denen gehören, die viel gegeben haben und sich wenig oder gar nicht beschenkt fühlen, dann darfst du dir liebevoll deine Beziehung zu dir selbst anschauen und anfangen, dir selbst all das zu schenken, was du bisher von anderen erwartet hast. Und du darfst dir die Frage beantworten: »Was und wie viel schenke ich mir selbst jeden Tag, wie viel Zeit und Raum für mich, besonders für mein Innenleben, meine Gefühle, mein Herz, meine Gedanken und für die Erholung und Entspannung meines Körpers?«

»Aber man muss sich doch nicht alles gefallen lassen!«

In diesem oft gehörten Satz schwingt neben der Empörung das Gefühl der Frustration, der Kränkung und des Beleidigt-Seins mit. Meine Antwort auf diese Frage heißt: Nein, du musst dir nicht alles gefallen lassen. **Aber du hast die Wahl, wie du über die Ursachen für das, was andere Menschen dir antun, denken willst, über ihre Unfreundlichkeit oder Boshaftigkeit, über ihr verletzendes, enttäuschendes oder liebloses Verhalten dir gegenüber. Und du kannst wählen, auf welche Art und Weise du auf sie reagieren willst.**
Wenn du denkst: Es gibt halt viele Idioten und schlechte Menschen auf der Welt, dann ist es deine Entscheidung, so zu denken. Wenn du glaubst, dieser Gedanke sei wahr, darfst du damit rechnen, dass das Leben dir immer und immer wieder ein paar »Idioten« oder »schlechte« Menschen über den Weg schickt. Denn was du im Allgemeinen über DIE Menschen oder im Besonderen über einen bestimmten Menschen denkst, das ist deine eigene Schöpfung, für die du dich entschieden hast. Hier betätigst du dich jeden Tag bewusst oder (meist) unbewusst als Schöpfer und Gestalter deiner Beziehungen zu anderen. Das tust du ebenso mit all deinen Gedanken über dich selbst, wie schon beschrieben.
Noch einmal: **Wie du über die Menschen denkst, so kommen sie dir (zumindest einige) entgegen. Wie du dich**

selbst in deinen Gedanken und in deinem täglichen Umgang mit dir behandelst, so müssen dich auch einige deiner Mitmenschen behandeln, insbesondere diejenigen, die ähnlich abwertend, verurteilend, jammernd, klagend durch die Welt laufen, wie du selbst es hin und wieder oder oft tust.

Für mich gibt es keine »schlechten« Menschen oder »Idioten«, es gibt nur sehr viele unbewusste und unglückliche Menschen, die nichts wissen über die Macht und Wirksamkeit ihrer Gedanken und Einstellungen, die nie gelernt haben, mit ihren Emotionen anders umzugehen, als sie abzulehnen, sie zu unterdrücken oder zu bekämpfen. Es gibt sehr viele Menschen, die mit verschlossenem Herzen, das heißt ohne Liebe zu sich selbst (und in der Folge zu ihren Mitmenschen) und ohne große Freude an ihrem Leben durch ihre Tage gehen. Sie wissen gar nicht, was sie damit anrichten. Bei uns grassiert das »Opfer-Bewusstsein« vieler Menschen, die glauben, dass andere für ihr Wohlergehen verantwortlich seien und dass es *die anderen* sind, die sie von ihrem Lebensglück abhalten. Für das Kind, das wir einst waren, traf das zu. Hier waren diejenigen, die die Macht über uns hatten, für unser Wohl verantwortlich. Aber heute – als zumindest äußerlich erwachsene Menschen – sind wir selbst für unser Lebensglück und für gegenseitiges Verständnis und Wertschätzung in unseren Gemeinschaften verantwortlich und haben die Macht (Schöpferkraft), neu und anders zu denken und zu handeln.

Wenn dir manch Ungerechtes geschah, wenn du zum Beispiel bestohlen oder betrogen, gemobbt oder ausgegrenzt wurdest, wenn jemand Unwahrheiten über dich verbreitete oder dich anschwärzte, wenn du in deinen Augen ungerechtfertigt gekündigt wurdest oder sich wieder mal ein Partner von dir getrennt hat, dann hast du die Freiheit der Wahl, die den meisten nicht bewusst ist: Du triffst die Entscheidung, wie du auf solche Ereignisse reagierst. Du hast die Wahlfreiheit, so oder so zu reagieren: Du kannst zum Gegenangriff übergehen, du kannst versuchen, dich zu verteidigen, du kannst zum Rechtsanwalt gehen und auf dein Recht pochen, du kannst überlegen, wie du dich an diesem oder jenem Menschen für sein Verhalten rächen kannst. Gehörte das bisher zu deinen Reaktionen auf unliebsame Menschen? Ja? Und: Hat es deine Probleme gelöst? Wie fühlst du dich heute noch, oft Jahre danach, wenn du an den Vorgang denkst?

Unsere Gerichte sind völlig überlastet mit einer Flut von Anzeigen und Anklagen über Banalitäten, über Kleinkram, bei dem es nur vordergründig um die »Sache« geht, um das, was konkret geschah. In Wahrheit werden dort vor allem Kränkungen, Beleidigungen und Gefühle der Verletzung, Ohnmacht und Kleinheit verhandelt. Und selbst wenn ein Urteil zugunsten des Klägers, also zum Beispiel zu deinen Gunsten ausfällt, wird der juristische Vorgang zwar »zu den Akten gelegt«, aber das wirkliche Thema hinter deinen Gefühlen und die Ursache, warum dir dies geschah, sind damit nicht gelöst. Die innere Akte bleibt weiter geöffnet und ungelöst, und das führt meist zu weiteren vermeintlichen Opfererfahrungen. Auch nach einem Sieg vor Gericht fühlst du dich immer noch als Opfer. Ein sicheres Beschäftigungsprogramm für Rechtsanwälte.

Der Schrei nach Gerechtigkeit ertönt jetzt mehr und mehr in unseren Ländern, und er geht mit Wut und Empörung einher, die sich gegen »die da oben«, die Mächtigen, die Konzerne, die Politiker, die Regierungen und gegen die »Fremden« und »Eindringlinge« richten. Diese Wut ist weder »schlecht« noch »gut«. Aber sie ist eine »Projektion«, eine Übertragung der Wut, die wir im Innern auf uns selbst und die »Machthaber« in unserer Kindheit haben. Sie hat sich in vielen Menschen über die Jahre angesammelt und zeigt sich jetzt, ausgelöst, aber nicht verursacht durch Ereignisse wie Flüchtlingsströme, Terrorakte und andere »schlechte«, verunsichernde und Angst auslösende Nachrichten. Diese Unzufriedenheit, der Unfrieden und die Wut in vielen Menschen müssen sich jetzt zeigen, damit den Wütenden bewusst wird, was sie über Jahrzehnte in sich genährt und angesammelt haben, nämlich ihren eigenen inneren Unfrieden.

Wenn wir jedoch aus der Wut heraus handeln, werden wir destruktiv und zerstören Beziehungen und Gemeinschaften. Denn Wut macht blind für die Wahrheit und führt zu lieblosem und verletzendem Verhalten. Das hast du selbst vermutlich schon erfahren und aus deiner Wut heraus Dinge getan oder gesagt, die du später bereut hast.

Wut schafft keinen Frieden. Wir dürfen den Unfrieden in uns selbst anerkennen und für unsere unfriedlichen Gefühle unsere eigene Schöpferverantwortung übernehmen. Wir dürfen erkennen, dass es das wütende kleine Kind in uns ist, das uns hier steuert. Erst dann können die Einsicht und die Bereitschaft entstehen, mit unserer Wut und der damit verbundenen Ohnmacht anders umzugehen. **Das gekränkte, verletzte und wütende Kind in uns wird durch niemanden im Außen zu Frieden und dem Gefühl der Sicherheit und Geborgenheit gelangen außer durch uns selbst, den Erwachsenen, zu dem das Kind gehört. Kein Richter kann Gerechtigkeit herstellen, er kann nur Recht sprechen auf der Basis eines Gesetzbuches, das nichts anderes ist als eine Sammlung von Verhaltensrichtlinien und von möglichen Strafen, wenn diese nicht befolgt werden.** Solange aber unser innerer Richter, Ankläger, Kritiker und Rechthaber von uns nicht als unsere eigenen Schöpfungen erkannt werden, die an uns selbst, an vielen anderen und an dieser Welt ständig etwas auszusetzen haben und Nein sagen zu der Welt, wie sie jetzt ist, wird sich weder unsere innere noch unsere äußere Welt ändern können.

Auch wenn viele nach Gerechtigkeit schreien, wollen sie in Wirklichkeit nur recht haben und recht behalten. Sie wollen nicht an ihrem Menschenbild rütteln, das in »gute« und »schlechte« oder »böse« Menschen, in »Falsch« und »Richtig« einteilt. **Aber es ist genau dieses Schwarz-Weiß-Denken und das kompromisslose Beharren auf dem eigenen Standpunkt als dem einzig richtigen, was den Kleinkrieg in unseren Familien, Vereinen, Firmen und Parteien, in unserer Gesellschaft** aufrechterhält. Und das trifft ganz besonders auf jene zu, die am liebsten »perfekt« wären. Sie sind die strengsten Richter sich selbst und anderen gegenüber, denn an dem Maßstab der Perfektion muss jeder scheitern. Auch dieses Muster stammt aus der Kindheit, als das Kind glaubte: »Wenn ich erst einmal perfekt bin, dann werde ich nicht mehr kritisiert und nur noch gelobt.« Wenn du dich selbst als »Perfektionisten« erkennst, dann fang an, dir bewusst zu machen, was du dir damit antust. So kannst du dich aus dieser leiderzeugenden Selbstfolter befreien.

In Wirklichkeit ärgern wir uns immer über uns selbst

Wenn du eine tiefe Sehnsucht in dir nach einem Leben in Frieden verspürst oder auch nur die leise Hoffnung hast, dein Leben könnte in Zukunft harmonischer, friedlicher und voller Freude verlaufen, dann kannst du jetzt einen mutigen Schritt machen. Es ist ein Schritt in deinem Innern, ein Schritt der tiefen ehrlichen Wahrheitsfindung und Erkenntnis, zu dem ich dich ermutigen möchte. Du darfst dich dem Gedanken öffnen, dass dein ganzer bisheriger Ärger, dein Krach, Streit und Unfrieden mit wem auch immer, in deinem Leben seine Ursache in dir selbst hat; genauer in deiner Beziehung zu dir, in deinem Denken, Fühlen und Verhalten dir selbst und dem Leben gegenüber.

Wären wir mit uns selbst und unserem bisherigen Lebensweg ganz im Frieden, würden wir auf den Unfrieden anderer und ihr Verhalten völlig anders reagieren, und es würden viel weniger Arsch-Engel unsere Wege kreuzen, dafür aber mehr »Engel«, das heißt liebevolle, herzliche Menschen. Dein Mut ist hier notwendig, weil die Masse der Menschen, das heißt der unbewusste, an Verurteilung und Projektion gewöhnte »Normalmensch« noch nicht so denkt. Er hat noch nicht begriffen, dass hier lauter Schöpferwesen herumlaufen, die jeden Tag unbewusst etwas erschaffen –

allein und gemeinsam. Durch ihre täglich in die Welt geschickten zigtausend unwahren und verurteilenden Gedanken erzeugen sie Konflikte, Krisen und Krankheiten, obwohl sie das natürlich gar nicht bewusst wollen.

Die meisten Menschen wissen wirklich nicht, was sie tun. Sie wissen nicht, dass ihre Gedanken ihre Gefühle erzeugen, unter denen sie dann leiden und dass sie beides in die Welt ausstrahlen und dass diese ihre Schöpfungen etwas anrichten, sowohl in der Außenwelt als auch in der Innenwelt ihres Körpers und ihrer Psyche. Entweder erzeugen sie Frieden, Harmonie, Gesundheit und Fülle oder Unfrieden, Krieg, Mangelzustände und Krankheit. Unsere Welt ist voll von Schöpferwesen, die sich ihrer täglich erschaffenden Kräfte in keiner Weise bewusst sind und dann eines Tages verbittert auf ihr Leben schauen und meinen, es »hätte« anders verlaufen sollen. »Wenn nur dies und jenes nicht passiert *wäre*, wenn dieser oder jener Mensch sich nur anders verhalten *hätte*, dann, ja, dann *wäre* es mir anders gegangen, *wäre* mir dies und jenes nicht passiert«, denken sie. Die Köpfe der Menschen sind voll von solchen klagenden Gedanken eines angeblichen »Opfers«.

Immer dann, wenn wir uns über jemanden oder über etwas ärgern, nähren wir in uns das Bewusstsein eines Opfers. Achte in Zukunft mehr und mehr darauf, wann und worüber du dich ärgerst. Das fängt mit dem »schlechten« Wetter am Morgen an. Wir nennen es ein »Scheißwetter«, und schon machen wir uns zum

Opfer von Regen, Sturm oder Schnee und ziehen uns energetisch, stimmungs- und schwingungsmäßig damit selbst herunter. Sobald etwas nicht so läuft, wie wir es uns vorgestellt haben, ärgern wir uns, lehnen es ab und machen uns zum Opfer dessen, was geschieht. Wir ärgern uns im Grunde aber immer über uns selbst – ob uns etwas misslingt, wir zu spät zu einem Termin kommen, den Zug verpassen, ein Knöllchen bekommen oder geblitzt werden oder einen Unfall bauen, weil wir wieder mal durchs Leben gerast sind.

Und wir denken und fühlen uns ganz schnell als Opfer eines Menschen, wenn jemand anderes uns etwas antut, sei es, dass uns jemand den Stinkefinger zeigt, uns die Vorfahrt nimmt, uns übersieht oder übergeht, uns etwas verspricht, es dann aber nicht hält, viel nimmt, aber nichts gibt, uns dort nicht lobt, wo wir ein Lob erwarten, oder sonst etwas nicht tut, was wir uns von ihm wünschen.

Wir fühlen uns als Opfer der Gesellschaft oder »des Systems«, der Wirtschaft oder der Politik, ohne zu merken, dass wir selbst uns bereits ein Leben lang unter Leistungsdruck setzen, durch unser Leben hetzen, uns in unseren Gedanken kritisieren und hart verurteilen. Diese Gesellschaft ist nur das Spiegelbild und das Ergebnis des Bewusstseins (besser: des Unbewusstseins) der vielen »Normalmenschen«, zu denen wir alle erzogen wurden. Solange wir uns unseren schöpferischen Akt dabei nicht bewusst machen und unsere Verantwortung für den kleinen und großen Ärger im Leben nicht übernehmen, werden der angesammelte Ärger und die Unzufriedenheit zur Wut. Und das geschieht in dieser Zeit zeitgleich bei sehr vielen Menschen.

Wenn du dein Lebensschiff jetzt – ganz gleich wie alt du bist – in Richtung Frieden und Lebensglück steuern und aus den »alten Schuhen« des Normalmenschen aussteigen willst, dann nimm dir in diesen Tagen, während du das Buch liest oder bei einem zweiten langsameren Lesen die Zeit, dir schriftlich die Fragen auf der nächsten Seite zu beantworten. Sei dabei ehrlich. Damit ziehst du eine Art Zwischenbilanz deines bisherigen Lebens, die einer grundlegenden Veränderung deiner Lebensqualität eine große Schubkraft verleihen wird. Wenn du etwas ändern willst, darfst du dir vorher genau anschauen, wie du das Bisherige erschaffen hast, um es jetzt abzuschließen und rundzumachen.

Kernfragen zur Beziehung
mit dir selbst und deinem Leben

Wozu, glaube ich, bin ich auf der Welt? Was könnte der Sinn meines Lebens sein? Welchen Sinn soll es haben, dass ich in diese Welt hineingeboren wurde und jetzt in diesem Körper lebe?

Was denke und fühle ich über mein Frau-Sein beziehungsweise über mein Mann-Sein?

Für wie wertvoll und liebenswert halte ich mich selbst? Was an mir empfinde ich als zutiefst liebenswert und liebe es?

Wofür kann ich mich selbst loben? Und wie oft tue ich es in meinen Gedanken oder Selbstgesprächen im Alltag? Bin ich mir selbst der beste Freund / die beste Freundin auf dem Weg durch mein Leben?

Was denke ich über meine Talente, Fähigkeiten, Gaben und inneren Schätze? Habe ich sie schon erkannt und wertschätze ich sie?

Was denke und fühle ich über meinen Körper? Pflege ich zu ihm eine liebevolle, dankbare Beziehung oder habe ich viel an ihm auszusetzen? Kann ich schon erkennen, dass er mein perfekter Diener ist, der keine »Fehler« machen kann und stets die Wahrheit sagt?

Was denke und fühle ich über die Erfahrungen meiner Kindheit und Jugend mit Mutter, Vater und eventuell Bruder und/oder Schwester?

Was denke und fühle ich über meine bisherige berufliche Vergangenheit? Empfinde ich meinen beruflichen Weg als erfolgreich oder eher als erfolglos? Und wie denke ich über meine bisherigen sogenannten Misserfolge? Kann ich ihren Wert für mein Leben schon erkennen?

Wie denke und fühle ich über meine bisherigen Beziehungen zu den Partnern (Männer oder Frauen) meines Lebens? Mit wem von ihnen bin ich in meinem Innern noch nicht im Frieden? Zu wem kann ich innerlich noch nicht sagen »Danke für alle Erfahrungen mit dir«?

Was soll mir das Wichtigste, die Werte und Haltungen in meinem Leben sein, auf die ich jeden Tag achten möchte, die ich leben möchte?

Welche unangenehmen Gefühle lösen Situationen und meine Mitmenschen im privaten oder beruflichen Umfeld immer wieder in mir aus? Sind es eher Verunsicherung oder Angst, Ohnmacht und Hilflosigkeit, Ärger, Wut oder Hass, Kleinheit und Minderwertigkeit, Neid und Eifersucht, Einsamkeit oder Trauer?

Wie will ich einmal auf mein Leben zurückschauen, wenn ich aus meinem Körper gehe? Welche Art und Qualität von Leben will ich dann gelebt haben, damit ich mit dem Gefühl von Erfüllung und innerem Frieden hier auf der Erde Abschied nehmen kann?

Warum wir wirklich wütend sind – Zusammenfassung

Wenn wir aus unserer Unzufriedenheit, aus unserem Ärger und unserer Wut herauskommen und ein Leben in Frieden und Harmonie erschaffen wollen, dürfen wir uns den Ursprung unserer Wut bewusst machen, um für sie unsere Schöpferverantwortung zu übernehmen. Wir sind vor allem deshalb wütend, weil ...

... wir seit unserer frühen Kindheit gelernt haben, uns selbst zu verurteilen, und weil wir unser Herz verschließen mussten angesichts von Menschen, die sich selbst nicht liebten.

... wir nie gelernt haben, uns selbst zu lieben und so anzunehmen, wie wir wirklich sind. Wir sind sauer auf uns selbst, weil wir lernten zu glauben, wir seien so, wie wir sind, einfach nicht in Ordnung und nicht liebenswert.

... die ersten und wichtigsten Menschen unserer Kindheit, Mutter und Vater, selbst nicht glücklich waren und uns daher keine Anleitung für ein Leben in Freude und Frieden vorleben konnten.

... uns niemand gesagt hat, dass wir sehr kraftvolle Schöpfer sind, die jeden Tag schöpferische Energie in die Welt und in ihren Körper strahlen – durch zigtausende Gedanken sowie durch Worte und Handlungen.

… uns keiner erklären konnte, dass wir all unsere Gefühle durch unsere Gedanken und Überzeugungen selbst erzeugen und dass auch die unangenehmsten Gefühle sich wünschen, von uns bejahend gefühlt, statt abgelehnt und verdrängt zu werden.

… wir die Welt, so wie sie jetzt ist, ablehnen und ebenso die Menschen, so wie sie sind. Unser Nein zu dem, was jetzt da ist und zu dem, was schon geschehen ist, ist der größte Schmerz- und Wuterzeuger.

… wir mit uns selbst und unserem bisherigen Leben nicht im Frieden sind, sondern bedauern, klagen, jammern mit Gedanken wie »Hätte ich doch nicht …« und »Wäre ich doch nicht …«

… wir nichts vom »Gesetz der Resonanz« oder vom »Gesetz der Anziehung« wissen und uns nicht klar ist, dass all das, was wir ausstrahlen, zu uns »zurücktönt« (*re-sonare*) und wir es anziehen. Die Qualität unserer Gedanken, Worte und Handlungen – also unserer Schöpfungen – strahlt zu uns zurück und bestimmt die Qualität unseres inneren wie äußeren Lebens.

… wir nicht wissen, dass sich jedes Kind – auch im besten Elternhaus – mit Vater, Mutter und Geschwistern verstricken muss, weil es von ihrer Aufmerksamkeit, Liebe und Wertschätzung abhängig ist oder darum kämpfen muss. Und dass diese Verstrickungen uns auch nach Jahrzehnten noch innerlich in Unfreiheit halten und zu Wiederholungserfahrungen in unserer eigenen Familie oder am Arbeitsplatz führen.

... wir tief in uns große Ängste gebunkert haben, die wir in der frühen Kindheit erzeugten und dann verdrängten. Die Angst, »es« nicht zu schaffen, zu scheitern, nicht mehr dazuzugehören, ausgeschlossen zu werden aus einer liebenden Gemeinschaft, von den anderen kritisiert, beschuldigt und bestraft und von ihnen nicht (mehr) geliebt zu werden.

Warum du nicht verhindern kannst, für andere ein Arsch-Engel zu sein

Sobald Menschen anfangen, auf ihr Herz zu hören und das zu leben und zu tun, was sich für sie stimmig anfühlt, hören sie auf, »normal« zu sein, es jedem recht machen und nirgends anecken zu wollen. Dann beginnen Menschen in ihrer Umgebung, mit dem Finger auf sie zu zeigen und sie verurteilend auszugrenzen. »Der spinnt doch«, »Die ist doch nicht mehr normal«, »Der will wohl was Besonderes sein« sind noch die kleineren Verurteilungen, die hinter dem Rücken getuschelt werden. Die Ausgrenzung solcher Menschen hat bei uns eine lange Tradition.

Dem unbewussten, sich selbst verurteilenden, also nicht liebenden Normalmenschen macht es Angst, wenn andere ihren eigenen Weg gehen, gut für sich selbst sorgen und liebevoll, aber bestimmt Nein zu Erwartungen ihrer Umwelt sagen können. Wenn sie sich nicht ihr Rückgrat brechen lassen, sich nicht bis zur Unkenntlichkeit verbiegen und auf die Anerkennung und das Lob anderer pfeifen, weil sie mit sich selbst im Reinen sind und sich selbst geben, was sie brauchen. **Denn der unbewusste, oft neidische und eifersüchtige Mensch, der unzufrieden mit sich selbst durchs Leben geht und zu Tratsch und Lästerei, zu Ausgrenzung bis Mobbing neigt, sehnt sich wie jeder tief innen auch** danach, den aufrechten Gang zu lernen und in Freude und Selbstwertschätzung seinen ganz eigenen Weg zu gehen. Aber er traut sich (noch) nicht. Er hat Angst, rauszufallen aus der Gemeinschaft, schief angeschaut zu werden, seine »Freunde« zu verlieren und nicht (mehr) dazuzugehören. Seine Angst ist zurzeit noch größer als die Sehnsucht nach einem selbstbestimmten Leben, nach einem wirklich eigenen Weg.

Eines der tief sitzenden Bedürfnisse eines Menschen ist es dazuzugehören, zu einer Familie, einer Gruppe, einer Gemeinschaft oder zumindest zu einem Menschen. Wir sind soziale Wesen, die in allen Bereichen unseres Lebens aufeinander angewiesen sind, wenn sie materiellen wie seelischen Wohlstand erzeugen und genießen wollen. Wir wollen Verbundenheit spüren und letztlich das Leben gemeinsam feiern. Das Bedürfnis nach Zugehörigkeit ist für das Überleben des kleinen Kindes zwingend notwendig. Darum tut es alles, um ein Mindestmaß jener Energie namens Aufmerksamkeit von den Menschen seiner Umgebung zu erhalten. Da diese sich jedoch selten selbst genügend lieben und auf der Suche nach der Liebe anderer sind, entwickeln viele Kinder die Angst, nicht genügend gesehen, anerkannt und geliebt zu werden und – gefühlt – nicht dazuzugehören. Denn sie spüren, dass diese Energie der Aufmerksamkeit durch andere etwas Unsicheres ist, eine Mangelware. Sie muss vom Kind jeden Tag neu verdient oder erkämpft werden, ob durch Lieb-, Nett- und Brav-Sein, ob durch Fleiß und Anstrengung oder durch Auffallen um jeden Preis, und sei es in Form von Rebellion, Verweigerung und Trotz.

Erwachsene, die sich selbst nicht lieben und innerlich nicht auf eigenen Beinen stehen, also nicht wirklich »selbst-ständig« sind, können ihren Kindern (oder auch ihren Schülern) nicht vermitteln, wie das konkret geht, seinen ganz eigenen Weg im aufrechten Gang zu gehen und sich als Heranwachsende unabhängig zu machen von den Meinungen, Urteilen und Erwartungen anderer.

Wenn du schon damit angefangen hast, dann weißt du bereits, wie Menschen deiner Umgebung – Partner, Freunde, Familienmitglieder voran – auf so einen eigenen, von der Norm abweichenden Weg reagieren, meist nämlich mit Kritik, Belächeln oder Ablehnung. Sie sagen damit unausgesprochen: »Ich will nicht, dass du dich änderst. Und wenn du es doch tust, dann lasse ich es dich spüren.« Viele Leser meiner Bücher erfahren dies, wenn sie anfangen, das Gelesene im Leben umzusetzen, ihrem Herzen zu folgen und ihm treu zu sein. **Es kann also durchaus sein, dass der eine oder die andere dir den Rücken zuwendet und dir unausgesprochen mitteilt: »Bleib normal, das heißt pflegeleicht und erfülle meine Erwartungen an dich.«** Andere wiederum wenden sich dir plötzlich zu, neue Menschen kommen in dein Leben, denen es gefällt, dass du gut für dich selbst sorgst und nicht mit Klagen, Jammern, Aufopfern und Schuldzuweisungen durchs Leben läufst und anderen in den Allerwertesten kriechst. Aber diese Übergangsphase kann auch schmerzhaft sein, weil es ein Prozess ist, der ein paar Monate, ein Jahr oder auch länger dauern kann.

Ganz gleich, was du machst, wie du dich verhältst, du kannst es nie allen recht machen. Und das Paradoxe ist: Je mehr du es versuchst, desto mehr wirst du enttäuscht werden und bald zwischen allen Stühlen landen. Darum entscheide dich, es deinem Herzen recht zu machen, das heißt immer mehr darauf zu hören, was sich für dich innerlich stimmig und richtig anfühlt, und danach zu handeln und deine Entscheidungen zu treffen. Wenn wir in unserem persönlichen Leben und in unseren Gemeinschaften Frieden herstellen wollen, dann dürfen und können wir damit bei uns selbst anfangen. Und das tun jetzt immer mehr Menschen. Wirklicher Frieden in uns und mit anderen entsteht nie dadurch, dass wir unsere innere Wahrheit verleugnen, uns verstellen und dort zustimmen, wo das Herz Nein sagt. Frieden und ein Klima der Wertschätzung und des freudigen Miteinanders in Familie, Firma und Gesellschaft entstehen dort, wo Menschen den Mut finden, ihr Herz für sich selbst *und* für den anderen zu öffnen und zu verstehen, dass jeder hier, auch der verbiestertste, aggressivste oder deprimierteste Mensch nur nach Liebe schreit. Er hat nur noch nicht erkannt, dass er sie zunächst in seinem Innern, in seinem bisher verschlossenen Herzen finden kann: in der Annahme, Anerkennung und Liebe sich selbst gegenüber.

Ob jemand anderes dich mag, liebt oder freundlich behandelt, das ist nicht deine Angelegenheit, sondern seine.

Deine Angelegenheit ist es jedoch, wie du auf seine Freundlichkeit oder Unfreundlichkeit re-agierst. Solange du erwartest oder wünschst, alle anderen mögen nett und freundlich zu dir sein, solange du dich dafür verbiegst und Dinge tust, die du eigentlich nicht willst, machst du dich selbst unglücklich.

Wir selbst können unser Herz offen halten für den anderen, auch dann, wenn er uns ablehnt oder kritisiert. Es ist immer das kleine Kind in ihm, das dann gerade die Macht über ihn hat. Und für uns ist es immer ein Test unserer Liebesfähigkeit, wie wir auf die Ablehnung unseres Gegenübers reagieren. Solange er damit unsere Knöpfe drückt, wissen wir: »Aha, da ist noch etwas in mir selbst, das sich nach Liebe sehnt: das Kind in mir mit seiner Angst (vor Ablehnung), seinem Ärger, seiner Wut oder anderen Gefühlen.«

TEIL 2

Die wichtigsten Arsch-Engel unseres Lebens

Arsch-Engel sind deine Wegweiser

In diesem Kapitel geht's jetzt ans »Eingemachte«, das heißt um die spezifischen Konflikte mit Arsch-Engeln in unserem Leben, die uns nerven, aufregen, wütend oder hilflos machen. Und natürlich darum, warum sie das (bisher) können und wie wir selbst diese Konflikte und die ursächlichen Themen dahinter lösen und mehr und mehr Frieden in unser Leben bringen. Unser Kopf nennt diese Menschen für gewöhnlich ein »Problem« und das, was sie tun, löst alles andere als Freude in uns aus. Und dennoch: Diese Menschen, über die du dich ärgerst oder geärgert hast – ob in deiner Familie, am Arbeitsplatz, in der Nachbarschaft oder im Straßenverkehr, sei es dein Vermieter oder Mieter, dein Ansprechpartner bei der Bank oder der Versicherung – sie alle sind äußerst wichtig für dich. Sie sind nur vordergründig ein »Problem«, ein »Stachel im Fleisch«. In Wahrheit aber sind sie die Tür zu deinem Frieden mit dir selbst und zu deiner Befreiung aus alten Verstrickungen. Wenn du dich für diese Sichtweise öffnest und deine bisherigen Gedanken über sie infrage stellst, kannst du ganz Wesentliches über dich erkennen, deine Lebensqualität komplett verändern und dein Herz vor Freude zum Singen bringen.

So unangenehm, schmerzlich oder verletzend ihr Verhalten dir gegenüber ist oder war, sie können deine

Wegweiser zu innerem und äußerem Frieden sein, zu mehr Freude, Gesundheit, Erfolg und Erfüllung. Dafür darfst du sie nutzen, ohne weiterhin zu denken: »Die haben mit mir gar nichts zu tun. Die können mich mal!« Oder: »Die sind einfach nicht in Ordnung und sollten sich anders verhalten.« Um den Sinn hinter deinen Konflikten und deinem Ärger über sie zu erkennen, braucht es jedoch den Mut, wirklich auf dich und in dich selbst zu schauen und dir selbst mehr Achtung und Achtsamkeit zu schenken. Wenn du diesen Mut hast, dann wird das hier Gelesene (und danach Angewandte) dein Leben und dein Lebensgefühl sehr stark verändern. Und du wirst es genießen und stolz auf dich sein, wenn du es in deinem Alltag umsetzt.

Bist du nun bereit, jene Entscheidung zu treffen, die ich zu Anfang des Buches vorgeschlagen habe? *»Ich entscheide mich, mein Leben zu einem Leben des Friedens, der Freude und der Zufriedenheit zu machen. Ich bin bereit, zu einer Frau / zu einem Mann des Friedens und der Freude zu werden, in Frieden und Harmonie mit mir selbst, mit meinen Mitmenschen und mit dem Leben!«*
Solange du diese Entscheidung noch nicht bewusst treffen kannst – auch ohne bereits genau zu wissen, wie du sie umsetzen wirst –, solange wirken andere, früher unbewusst getroffene Entscheidungen für die Aufrechterhaltung deines Unfriedens und der Konflikte mit deinen Mitmenschen. Denn wir können uns nicht für »ein bisschen Frieden« entscheiden.

Wie du die Geschenke deiner Arsch-Engel erkennst und auspackst

Ich möchte dir mit den folgenden vier Fragen ein erstes Werkzeug an die Hand geben, mit dem du sehr schnell die wahren Ursachen für die meisten unfriedlichen Zustände und Konflikte in deinem Leben herausfinden kannst. Diese Fragen kannst du auf jeden Konflikt und jeden Ärger in deinem Leben anwenden. Wähle hierfür einen Menschen von der Liste deiner persönlichen Arsch-Engel, mit dem du dir Frieden wünschst, stell dir kurz sein Gesicht vor und beantworte dir, am besten schriftlich und in aller Ruhe, die folgenden Fragen:

1. Frage: *Welches Gefühl oder welche Gefühle löst dieser Mensch heute noch in dir aus? (zum Beispiel Ärger, Wut, Hass, Ohnmacht, Neid, Eifersucht, Missgunst, Schuldgefühle, Kleinheit ...)*

Wenn wir genau in uns hineinfühlen, sind es oft zwei bis drei Gefühle und nicht nur eins, die der andere in uns auslöst. Zum Beispiel taucht hinter der Wut fast immer das Gefühl von Ohnmacht und Hilflosigkeit auf. Achte bitte auf die hinter dem Ärger oder der Wut liegenden Emotionen. Es sind oft die, die wir am wenigsten fühlen wollen und die uns erst wütend werden lassen. Neben dem Gefühl unserer Machtlosigkeit und Kleinheit sind es insbesondere Schuld, Scham, Neid, Eifersucht und Trauer. Wie ich im ersten Kapitel erläutert habe, waren diese Gefühle schon lange vor dem Auftauchen jener Person, die dich gerade »ärgert«, in dir.

Das erste »Geschenk« an dich (das du im Moment vermutlich noch nicht als ein Geschenk erkennen wirst oder willst) besteht darin: **Der andere macht dich auf genau dieses Gefühl in dir – oft schmerzhaft – aufmerksam. Er holt es hoch in dir, er löst es aus, aber er hat dieses Gefühl in dir nicht erschaffen oder ver-ur-sacht (auch wenn dein Verstand vielleicht noch vehement an diesem Irrtum festhalten will).** Wenn du dieses Geschenk in Empfang nehmen und auspacken willst, darfst du in der nächsten Zeit diese (durch andere Menschen in dir ausgelösten) Gefühle in Besitz nehmen. Was heißt das? Du darfst anerkennen, dass es DEIN Gefühl ist, das du selbst vor langer Zeit (durch deine Gedanken über dich, über andere und über das Leben) erschaffen und über Jahre genährt und zugleich in dir unterdrückt und verdrängt hast. Das heißt, du darfst und kannst deine Schöpferverantwortung für diese Gefühle übernehmen. Du bist weder das Opfer deiner Gefühle noch das Opfer anderer Menschen, auch wenn es auf den ersten Blick so aussieht. **Und vor allem: Du darfst und kannst lernen, diese Gefühle in dir bewusst, bejahend und mit Liebe zu fühlen und sie hierdurch zu verwandeln.** Dazu später mehr.

Also, welche Gefühle hat jener Arsch-Engel aus deinem Leben in dir hochgeholt? Sind es »zufällig« Gefühle, die du auch aus Situationen mit anderen Menschen der Vergangenheit und Gegenwart kennst?

2. Frage: *Welche Eigenschaft oder welches Verhalten ist es genau, das du am anderen ablehnst? Was genau bringt dich auf die Palme und aus dem Gleichgewicht, was macht dich fassungslos, sprachlos oder empört dich? Was genau kannst du an ihm oder ihr nicht ausstehen? Schreib dir deine Antwort darauf bitte auf und versuche, jene Eigenschaft oder jenes Verhalten so präzise wie möglich zu beschreiben.*

3. Frage: *Hast du diese Eigenschaft oder dieses Verhalten schon einmal an dir selbst festgestellt? Erinnere dich!* Oder kann es sein, dass du partout NICHT so sein willst und gesagt hast: »So will ich NIE sein! Und so bin ich auch nicht!«?

Die erste dieser beiden Fragen übergehen viele mit einem allzu schnellen »Nein, ich bin nicht so!« Darum nimm dir Zeit und Ruhe, schließ die Augen und frage dich ehrlich bei jedem Arsch-Engel: *Wo und wann habe ich mich selbst auch schon einmal so verhalten? Oder wo verhalte ich mich heute noch hier und da so oder so ähnlich? Bin ich das vielleicht auch hin und wieder, was ich am anderen verurteile, kritisiere und gar nicht mag? Oder tue ich es vielleicht nicht wirklich, aber doch in meinen Gedanken? Oder würde ich mich manchmal gern genauso verhalten können wie jener Arsch-Engel, wenn ich es nur könnte?* Schau mal, welche Szenen aus dem Film deines Lebens auftauchen, in denen du vielleicht auch so warst (so hart, ungerecht, verletzend, egoistisch, stur, rechthaberisch, aggressiv, verlogen, feige, ängstlich, unehrlich ...)

Je lauter dein Nein auf die Frage 3 ist, verbunden mit einem »**So bin ich nicht und so will ich auch nicht sein!**«, desto mehr musst du mit genau diesen Eigenschaften oder Verhaltensweisen etwas zu tun haben? Denn wo käme sonst wohl die negative Ladung dazu in dir her? Was dich innerlich trifft, das betrifft dich auch, das heißt, es hat dann *immer* viel mit dir und deinem unfriedlichen und ungeordneten Innenleben zu tun.
Je mehr du an dir selbst ablehnst und verurteilst, desto mehr Menschen ziehst du in deinem Leben an, die dir genau diese in und an dir abgelehnten Eigenschaften oder Verhaltensweisen spiegeln. Der andere spiegelt dir zum Beispiel das, was du *auch* bist, aber nicht sein willst, etwas, was du an dir selbst ablehnst. Was du nicht sein willst, aber *auch* bist, das *müssen* andere Menschen für dich sein und dir so das in dir Abgelehnte zeigen.
Das trifft übrigens auch auf all das Wunderbare, Schöne, Liebenswerte zu, was du an und in anderen wahrnimmst und an ihnen vielleicht sogar bewunderst, all das muss auch in dir selbst vorhanden sein, denn sonst könntest du es gar nicht erkennen. Was dich berührt, sogar die Schönheit der Natur, spiegelt dir deine innere Schönheit. Wäre sie nicht in dir, hättest du keine Resonanz dafür, du könntest sie gar nicht wahrnehmen.

4. Frage: *Welcher Mensch in deiner Kindheit oder Jugend verhielt sich ähnlich wie dein heutiger Arsch-Engel oder hatte ähnliche Eigenschaften wie er? An wen erinnert dich dieser Mensch? Bei wem hast du damals ähnlich gefühlt und reagiert? (zum Beispiel bei Vater, Mutter, Bruder, Schwester, Nachbarskind, Cousin, Cousine ...)*

Die meisten unserer Konflikte im Erwachsenenalter sind die Folge der Erfahrungen und Verstrickungen mit den Schlüsselpersonen unserer Kindheit und Jugend. Und so sind die meisten Arsch-Engel der Gegenwart nur Platzhalter für jene Menschen der ersten Jahre unseres Lebens.

Was wir ganz besonders an anderen ablehnen

Welche Menschen kannst du nicht ausstehen, welche sind ein »rotes Tuch« für dich, welchen gehst du aus dem Weg, und welches Verhalten von ihnen lehnst du ab? Mit der folgenden Liste kannst du noch tiefer erforschen, was genau du an anderen und an dir selbst ablehnst, verurteilst und worauf du »allergisch« reagierst. Mach ein Kreuz bei jedem Punkt, der auf dich zutrifft.

»Ich kann Menschen in meinem Leben nicht leiden, ...

- ○ *... die dauernd jammern, klagen, sich beschweren.«*
- ○ *... denen ich es nie recht machen kann.«*
- ○ *... die arrogant auf mich herabschauen.«*
- ○ *... die aggressiv, wütend, jähzornig oder streitsüchtig sind.«*
- ○ *... die ständig nur über sich reden und sich nicht für mich interessieren.«*
- ○ *die nicht zuhören können.«*
- ○ *... die sich dauernd nach vorn spielen, auffallen wollen oder sich gern vordrängeln.«*
- ○ *... die mich belügen und betrügen.«*
- ○ *... die heute dies und morgen das sagen und wie ein ›Fähnchen im Wind‹ sind.«*
- ○ *... die immer nur haben und etwas bekommen, aber nie was geben wollen.«*

○ ... die sich bei mir einschleimen wollen, die immer meine Meinung übernehmen.«
○ ... die ständig anderer Meinung sind als ich.«
○ ... die immer das letzte Wort haben müssen.«
○ ... die immer alles besser wissen.«
○ ... die mich nicht ernst nehmen, auslachen oder bloßstellen.«
○ die hinter meinem Rücken schlecht über mich reden, mich anschwärzen, Lügen verbreiten.«
○ ... die mobben.«
○ ... die unordentlich oder chaotisch sind.«
○ ... die ordinär oder vulgär reden.«
○ ... die immer auf ›unschuldig‹ machen und nie was damit zu haben wollen.«
○ ... die Macht über mich haben und mir ein Gefühl der Ohnmacht geben.«
○ ... (Ergänze die Liste um Eigenheiten weiterer Menschen, die sich auf andere Weise bei dir unbeliebt machen oder die du nicht magst.)

....

....

....

Nun, bei wie vielen hast du dein Kreuz gemacht? Und welche von diesen Menschen tauchen in deinem Alltag hin und wieder oder öfter auf? Ich lade dich herzlich ein, ab jetzt mehr und mehr zu beobachten, wie du auf solche und andere Menschen erst innerlich und dann äußerlich reagierst. Besonders diejenigen sind interessant für dich und wertvoll für deinen inneren Frieden, die öfter in deinem Leben auftauchen und bei denen deine negative Reaktion eine besonders hohe Ladung hat, auf die du also am heftigsten reagierst.

Warum du bestimmte Menschen nicht leiden kannst

In den folgenden Abschnitten kannst du einiges darüber herausfinden, warum dich das Verhalten bestimmter Menschen immer wieder nervt, aufregt oder zur Weißglut bringt. Sobald du das erkennst, kannst du auch bereits sehen, was du tun oder in dir ändern kannst, damit du in Zukunft anders auf sie reagierst. Diese Veränderung beginnt immer zuerst im Geist, durch ein neues Denken über uns, die anderen und das Leben.

Menschen, die dauernd jammern, klagen, sich beschweren

Von solchen Menschen gibt es eine ganze Menge und es scheint, als würden sie sich seit ein paar Jahren schnell vermehren. Wenn es dir schwerfällt, solche Menschen in deinem Umfeld anzunehmen, frage dich: »Darf ich selbst auch manchmal jammern oder mir selbst leidtun? Klage ich selbst im Stillen nicht auch über dies und jenes?« Auch das gehört zu jedem Menschen, aber viele haben gelernt, dass »man« das nicht tut. Klingelt es in dir noch bei Sätzen wie »Jammer nicht so viel!« oder »Was bist du nur für ein Jammerlappen!«? Und wer hat in deiner Kindheit oft gejammert und geklagt? War es vielleicht deine Mutter?

Viele von uns haben sich damals entschieden: »Ich will nie so jammern und mich keinesfalls schwach zeigen!« Dann haben sie angefangen, sich zusammenzureißen und so zu tun, als sei alles in Ordnung. In den meisten dieser scheinbar starken und meist fleißigen Menschen sieht es innerlich alles andere als geordnet und friedlich aus. Wenn du dich hierin wiedererkennst, lade ich dich ein, ehrlich mit dir zu werden, dir deine Verletzlichkeit anzuschauen und dir zuzugestehen, *auch* schwach sein zu dürfen. Wie lange hast du zum Beispiel nicht mehr geweint? Darfst und kannst du so richtig traurig sein und den Tränen ihren Lauf lassen? Solange wir die Entscheidung von damals »Ich will stark sein, aber nicht schwach!« nicht zurücknehmen, muss uns das Leben auf Dauer in die Position der Schwäche zwingen und uns flachlegen, sei es durch eine Krankheit oder einen Unfall. **Die Jammerer in unserem Umfeld, denen wir unser Herz noch nicht öffnen können, jammern stellvertretend für uns, wenn wir uns das Jammern und Schwachsein verboten haben.**

Menschen, denen ich es nie recht machen kann

Wenn solche Menschen öfter deine Wege kreuzen, frage dich: »Habe ich mich vielleicht einmal entschieden zu glauben, ich müsse es anderen immer recht machen und ihre Erwartungen erfüllen?« In der Kindheit *mussten* wir die Erwartungen und Forderungen unserer Eltern, später die von Erziehern und Lehrern erfüllen, und darum glaubt heute das Kind im Erwachsenen, es müsse das auch weiterhin tun.

Wir können uns heute neu entscheiden und lernen, es stattdessen unserem Herzen recht zu machen und seinen Impulsen zu folgen. Und das auch dann, wenn andere ihre Nase darüber rümpfen und uns als »egoistisch« verurteilen. Wer sich selbst liebt und seinem Herzen treu ist, der ist alles andere als egoistisch. Er ist ein Segen und ein Vorbild für seine Mitmenschen, insbesondere für seine Kinder und den Partner. Die meisten Menschen bereuen am Ende ihres Lebens, dass sie es immer anderen recht machen wollten, wie die australische Hospizschwester Bronnie Ware in ihrem Buch *Fünf Dinge, die Sterbende am meisten bereuen* feststellte: »Ich wünschte, ich hätte den Mut gehabt, mein Leben nach meinen Vorstellungen zu leben, und nicht nach den Vorstellungen der anderen.«

Menschen, die arrogant auf mich herabschauen

Könnte es sein, dass du dich in deinem Denken oft kleiner machst als andere, dass dein innerer Kritiker und Richter zu dir sagt: »Wer bist du denn schon? Du bist doch nur eine kleine Nummer? Wozu hast du es denn schon gebracht?« Wenn wir andere Menschen als arrogant empfinden und ablehnen, dann schauen wir oft durch ihre (vermeintlichen) Augen und Gedanken auf uns selbst herab. Wir bestätigen unsere Urteile über uns und machen uns kleiner als sie. **Es sind unsere eigenen Gedanken, durch die wir uns minderwertiger** oder als »kleine Maus« fühlen. Mit ihnen setzen wir uns selbst herab. Und all das, was wir über uns denken, strahlen wir aus, und es muss uns von einigen Zeitgenossen gespiegelt werden.

Frage dich, wer der erste Mensch in deinem Leben war, der dir das Gefühl gab, nicht viel wert zu sein? War es dein Vater, deine Mutter, dein älterer Bruder oder deine ältere Schwester? Die »arroganten« Menschen deiner Gegenwart sind nur Stellvertreter für jenen Menschen deiner Kindheit. Entschließe dich, jetzt deine innere Beziehung zu diesem ersten »Herabsetzer« zu klären und deine Gefühle der Kleinheit und Minderwertigkeit bewusst anzunehmen und zu durchfühlen.

Menschen, die aggressiv, wütend, jähzornig, streitsüchtig sind

Solchen Menschen fühlen sich viele von uns völlig hilflos ausgeliefert. Und dennoch gibt es Wege aus dieser Ohnmacht heraus. Seine Wut auszudrücken, ohne jemanden dabei anzugreifen, haben bisher nur wenige Menschen gelernt. Stattdessen unterdrücken sie diese Emotion und sagen: »Ich will nicht wütend sein.« Dabei ist das Kind in ihnen oft stinkesauer auf dies und jenes. In unserer Kindheit wurde uns sehr deutlich gemacht, dass ein wütendes Kind nicht liebenswert sei. Darum rissen wir uns zusammen oder ließen unsere Wut an einem Schwächeren aus, zur Not an der Katze, ohne dass die anderen es sahen.

Jeder Mensch ist auch hin und wieder wütend. Die Wut ist aber nicht schlecht, sie gehört zu unseren Gefühlen wie die Freude. Erst wenn wir die Wut und ähnliche Gefühle ständig unterdrücken, statt sie auszudrücken (ohne andere anzugreifen), steigt die Gefahr, dass sie plötzlich aus uns herausplatzt. So passierte es bei so manchem unserer jähzornigen Väter, die schon bei einer Kleinigkeit ausrasteten: Lange aufgestauter und unterdrückter Frust über andere entlud sich dabei.

Wenn aggressive Menschen öfter deinen Weg kreuzen, ob im Straßenverkehr, zu Hause oder an deinem Arbeitsplatz, frage dich: »*Wie friedlich oder unfriedlich sieht es in mir selbst aus, und auf wen oder was bin ich bis heute noch wütend?*« Vordergründig sind wir oft sauer auf andere. Wer aber tiefer in sich forscht, wird entdecken, dass er vor allem wütend auf sich selbst ist. Wir selbst sind es, die uns verletzen und sehr unfreundlich behandeln, anstatt uns selbst der beste Freund oder die beste Freundin zu sein.

Menschen, die sich nicht für mich interessieren

Wenn du über solche Menschen sauer oder enttäuscht bist, frage dich: »Wie groß und wie tief ist denn mein Interesse an mir selbst? Wie sehr interessiere ich mich bewusst für meine Gedanken und Gefühle, für meinen Körper, mein Frau-Sein oder mein Mann-Sein?« **Ob sich andere Menschen für dich interessieren, ist nicht deine Angelegenheit. Deine ist es, wie sehr du dich erstens für**

dich selbst und zweitens für andere interessierst. Wenn das letztere allerdings mit der Hoffnung oder Erwartung verbunden ist, sie mögen dir quasi als Gegenleistung ebenso ihre Aufmerksamkeit schenken, dann muss diese Erwartung enttäuscht werden. Dann tust du es nur, um ... zu ..., um etwas dafür zu bekommen. Du tust es nicht aus Freude am Schenken deiner Aufmerksamkeit.

Als körperlich erwachsene Menschen dürfen wir lernen, aus diesen kindlichen Erwartungen hinauszuwachsen, hinein in eine intensive, liebevolle, fürsorgliche und vor allem bewusste Beziehung zu uns selbst. Das heißt, dass wir ganz für uns da sind, auch wenn sonst niemand da ist. Wir sind vierundzwanzig Stunden am Tag mit uns selbst zusammen, aber meist ohne ein waches Interesse für unser Innenleben. Als Kind waren wir darauf angewiesen, dass sich zumindest ein Mensch für uns und unser Wohlergehen interessierte. Als Erwachsene dürfen wir diese Aufgabe selbst übernehmen und lernen, für das Kind in uns da zu sein und mit uns selbst in Freude allein sein zu können. Kannst du es schon genießen, Zeit mit dir allein zu verbringen?

Menschen, die ständig anderer Meinung sind

Gespräche mit solchen Menschen fühlen sich frustrierend an. Aber wie sie enden, hängt nicht vom anderen, sondern von uns ab. Wollen wir »dagegenhalten« und uns mit unserer Meinung durchsetzen, recht behalten oder den Kampf ums Rechthaben gewinnen, endet das Gespräch meist im Krach.

Solche Menschen wollen durch ihr Verhalten meist Aufmerksamkeit vom anderen bekommen. Das haben sie oft schon als »Rebell« und »Neinsager« erfolgreich im Kindesalter praktiziert. Doch der Kampf ums Rechthaben ist ein sinnloser Kampf. **Denn genau besehen hat jeder Mensch recht, weil jeder aus seinem ganz eigenen Blickwinkel und Erfahrungshintergrund heraus argumentiert.** Wenn wir uns von den Worten lösen und das Kind im anderen emotional wahrnehmen, es annehmen und ihm seine Meinung lassen können, spürt der andere dies – und die Beziehung entkrampft sich bald.

Menschen, die nicht zuhören können

Dies trifft auf auffallend viele Menschen zu. Sie sind ständig im Sendemodus und können kaum auf Empfang umschalten und wirklich zuhören oder mal schweigen. Interessant ist, dass viele von ihnen das gar nicht bemerken. Sie reden nur von sich selbst, wollen oft ihren »Müll« bei uns abladen und sind dann wieder weg. Solche Menschen wollen wir am liebsten nicht mehr sehen. Aber auf unseren Familienfeiern, bei Geburtstagen und Beerdigungen und auch auf der Arbeit kreuzen sie dann doch immer wieder auf.

Es ist auch ein Vorwurf, den besonders viele Frauen ihren Männern machen: »Du hörst mir ja gar nicht richtig zu!« Das klingt wie eine Forderung, der er sich bitte beugen soll. Die Ursache für diesen Vorwurf liegt oft darin, dass der eine, in diesem Fall die Frau, oft anfängt, über ein Thema zu reden, ohne den anderen zu fragen, ob er gerade ein Ohr für sie hat oder ob es später einen besseren Zeitpunkt gibt, um in Ruhe darüber zu sprechen. **Wenn man losredet, ohne Rücksicht darauf, ob der andere jetzt auch Zeit, Muße und Ruhe für ein Gespräch hat, darf man sich nicht wundern, wenn es beim Gegenüber hier rein und dort raus geht, wenn er also nicht wirklich für uns da ist und zuhören kann.** Solche »Gespräche« enden dann oft in Streit und gegenseitigem Unverständnis.

Menschen, die sich dauernd nach vorn spielen und auffallen wollen

Wer sich über solche Menschen ärgert, hat meist schon früh gelernt, den Kopf nicht zu weit rauszustrecken und sich selbst kaum zu zeigen. Die meisten von uns haben gelernt sich zurückzunehmen, wollten nicht unangenehm auffallen, um nicht kritisiert zu werden. Wenn sich jemand dauernd in den Vordergrund spielt, anderen keinen Raum lässt und um jeden Preis Aufmerksamkeit haben will, dann liegt diesem Geltungsbedürfnis meist eine Angst zugrunde, nicht genug gesehen zu werden und nicht genug zu bekommen. Es ist das hungrige Kind im anderen, das den ganzen Raum einnehmen will. Wenn du öfter auf solche Menschen triffst, beantworte dir die Fragen: *»Nehme ich mir selbst meinen Raum für mich, nehme ich mir viel*

Zeit für mich oder bin ich nur für andere da? Habe ich meinen eigenen Rückzugsraum, in dem ich mich wohlfühle und mit mir allein sein kann? Fühle ich mich anderen gegenüber gleichwertig, oder möchte ich nicht so gern gesehen werden?« Solange wir uns nicht unseren Raum und unsere Zeit schenken, uns selbst wichtig genug sind und uns für unseren Innenraum, unsere innere Welt interessieren, dürfen wir uns nicht wundern, wenn andere uns im Außen keinen Raum lassen.

Menschen, die lügen und betrügen

Viele Menschen, die es nicht so genau mit der Wahrheit nehmen, haben meist Angst davor, sie auszusprechen oder zu ihr zu stehen. Und sie wissen nicht, was sie sich selbst und ihren Beziehungen damit antun, denn jede Lüge und jeder Betrug fliegt irgendwann auf. Das sehen wir seit einigen Jahren, in denen immer mehr Skandale ans Tageslicht kommen, ob in der Wirtschaft, in der Politik oder im Sport. Und auch unsere privaten »Skandale« fliegen jetzt auf, in dieser Zeit der Transformation, in der immer mehr Licht in das bisher Dunkle hineinscheint. Anders gesagt: Unsere persönlichen »Leichen« kommen jetzt aus dem Keller und zeigen sich uns, damit wir mit uns und mit allem, was war, jetzt reinen Tisch machen. **Dort, wo Ordnung und Frieden entstehen will – und dieser Prozess ist jetzt mit Macht im Gange –, muss sich zunächst all das Ungeordnete und Unfriedliche sehr deutlich an der Oberfläche zeigen.**

Wie ich schon aufgezeigt habe, leben nur wenige Menschen die Wahrheit ihres Herzens. Die meisten betrügen sich selbst unbewusst mit vielen faulen Kompromissen und Unstimmigkeiten. Sie leben ein Leben, das sie »eigentlich« nicht wollen. Das ist der Grundbetrug am eigenen Leben, der in dieser Zeit genauso auffliegt wie die großen Affären in der Welt. An der Konfrontation mit der eigenen Wahrheit kommt letztlich niemand vorbei. Und damit das nicht erst am Ende deines Lebens geschieht, empfehle ich dir, dich zu entscheiden, deine ganz eigene Wahrheit, die deines Herzens, zu erforschen und zu leben. Lass dir nicht von anderen vorschreiben, was deine Wahrheit sein soll. Mach dir bewusst, was sich für dich nicht stimmig, rund anfühlt in deinem Leben und wo die Freude fehlt an dem, was du tust und was du bist.

Jeder Mensch in unserem Umfeld, der uns belügt oder betrügt, kann uns Anlass sein, uns als Erstes selbst zu fragen: »Wo lebe ich nicht meine Wahrheit? Wo mache ich mir selbst etwas vor? Wo tue ich äußerlich so, als ob alles in Ordnung sei, obwohl mein Gefühl mir sagt, dass vieles gar nicht in Ordnung ist?« Und wenn wir uns auf diese Weise so einen Selbstbetrug zugestehen können, ohne uns dafür zu verurteilen, können wir uns für die Sichtweise öffnen, dass der andere, der lügt und betrügt, noch nicht anders kann, als sowohl sich selbst wie auch seine Mitmenschen zu betrügen.

Menschen, die immer nur haben, aber nie etwas geben wollen

Menschen, die sich so verhalten, sind voller Angst, obwohl sie meist weit mehr haben, als sie zum Leben benötigen. Wir haben die Wahl, sie als »Geizhälse« zu verurteilen, oder wir beginnen zu verstehen, warum sie sich so verhalten. Sie haben von den Energiegesetzen des Lebens noch nicht viel verstanden. Eines davon heißt: Nur wer Freude am Geben und Teilen hat, nur der fühlt sich reich und ist reich. Wer krampfhaft an materiellem Besitz festhalten, horten und immer mehr davon ansammeln will, wird sich am Ende arm und leer fühlen. Jede Energie im Leben will fließen, so wie das Leben selbst ein Fluss ist, der nie stehen bleibt. Wir sind dann reich, wenn wir gleichermaßen empfangen und geben können.

Dem Geiz der einen steht oft der Neid der anderen gegenüber. Und dieser beruht ebenso auf einer Angst, nicht genug zu haben oder zu bekommen. Auch diese Angst – wird sie nicht bewusst wahrgenommen, gefühlt und verwandelt – wirkt wie ein Magnetismus. Sie zieht genau den Zustand an, vor dem wir Angst haben.

Bist du jemand, der wirklich empfangsbereit ist? Glaubst du wirklich tief in dir, du seiest es wert, Wohlstand oder Reichtum zu empfangen? Kannst du ein unerwartetes Geschenk eines Bekannten einfach freudig annehmen und genießen? Oder fragst du dich gleich, was er von dir wohl als Gegenleistung haben will, fühlst dich ihm gegenüber in der Schuld und machst ihm bei nächster Gelegenheit ein ausgleichendes, »entschuldendes« Geschenk? Wenn du das aus deinem Leben kennst, dann bist du noch nicht bereit, die Geschenke des Lebens freudig in Empfang zu nehmen. Meist ist der Grund dafür, dass du nicht glaubst, es verdient zu haben, dass das Leben dich beschenkt.

Menschen, die mich nicht ernst nehmen, mich auslachen oder bloßstellen

Wenn dir das öfter geschieht, beantworte dir zwei Fragen: »Wie ernst nehme ich mich selbst?« oder »Wie viel Selbstwertschätzung und Achtung habe ich mir selbst gegenüber?« Und die zweite Frage: »Wo und mit wem ist mir das in meiner Kindheit oder Jugend öfter und sehr schmerzhaft geschehen?« In der Schulzeit haben es zum Beispiel viele erlebt, dass sie von einem Lehrer oder ihren Mitschülern vorgeführt, ausgelacht, bloßgestellt und ausgegrenzt wurden. Auch wenn es Jahrzehnte her ist, sitzen diese Erfahrungen tief in uns und unserem inneren Kind. So wie uns andere damals behandelten und über uns dachten, so haben wir gelernt, über uns selbst zu denken. Durch diese Gedanken haben wir Kleinheits- und Minderwertigkeitsgefühle erzeugt und zugleich die Angst, es könnte uns wieder passieren, abgelehnt zu werden.
Solange wir nicht lernen, uns als ein höchst wertvolles und liebenswertes Wesen zu betrachten, sondern uns abwerten und kleindenken, riechen das andere. Und diejenigen, die sich innerlich ähnlich klein fühlen wie

wir selbst, nutzen die Gelegenheit, um sich von ihrem eigenen Schmerz abzulenken. Wenn jemand die Leistungen und den Wert seiner Mitmenschen nicht anerkennen oder gar loben kann, dann kann er sich selbst noch nicht als wertvoll anerkennen.

Erkenne den Irrtum hinter deinen verurteilenden Gedanken

Wie inzwischen an vielen Beispielen erläutert, erschaffen wir unsere äußere Welt durch das, was in uns vor sich geht, allem voran durch das, was wir denken und glauben – über uns, über das Leben und über unsere Mitmenschen. Wenn es uns nicht gut geht und wir uns »schlecht« fühlen, liegt es an der Qualität jener Gedanken und an unserer gedanklichen Reaktion auf das, was im Außen geschieht, besonders an unserer Ablehnung, unserem: »Nein, es sollte jetzt nicht so, sondern anders sein.«

Im Folgenden findest du einige Gedanken, die auch du vielleicht schon gedacht hast, wenn du mit jemandem nicht im Frieden warst. **Mach dir selbst immer wieder deine Gedanken bewusst und schreibe auf, was »es« in einer Situation der Unzufriedenheit oder des Unfriedens gerade denkt in dir. Und entscheide dich zu überprüfen, ob diese Gedanken wahr sind.** Das funktioniert nicht, wenn du dir stundenlang den Kopf darüber zerbrichst und nachdenkst, sondern es geht über dein Gefühl, das mit angenehmen oder unangenehmen Körperempfindungen einhergeht. Dein Herz kennt die Wahrheit, und es signalisiert dir über deinen Körper, ob etwas dieser Wahrheit entspricht oder nicht. Zieht sich dein Körper bei einem Satz zusammen, spürst du Schwere,

Druck, Spannung oder sonst ein Unwohlsein verbunden mit einem Gefühl wie Angst, Ohnmacht, Wut, bedeutet das: Dieser Gedanke ist nicht wahr. Stellen sich beim Denken des Gedankens Wärme, Entspannung, Leichtigkeit und andere angenehme Empfindungen ein – bei vielen wird es innerlich sogar heller –, dann sagt dein Herz in Verbindung mit deinem gesamten feinstofflichen Körper: Das hier stimmt, das fühlt sich gut an und ist mit Freude oder Frieden verbunden.

Probiere es am besten gleich mal aus. Ich schlage dir als Erstes einen Satz vor, den Millionen Menschen als Kind gehört haben und bis heute glauben:

»Im Leben bekommt man nichts geschenkt!«

Schließ die Augen, atme sanft und tief und denke diesen Gedanken zwei-, dreimal. Und jetzt fühle ein paar Sekunden lang, wie dein Körper auf die Schwingung dieses Gedankens reagiert. Denn jeder Gedanke hat eine ganz bestimmte Schwingungsfrequenz, die von unserem Körper aufgenommen und beantwortet wird.

Und dann im zweiten Schritt: Denke bei geschlossenen Augen den folgenden Gedanken, und zwar auch dann, wenn du ihn (noch) nicht glaubst:

»Jeder Tag ist voller Geschenke für mich!«

Fühle, wie dein Körper jetzt reagiert. Denke nicht über diesen Satz nach, sondern lass nur seine Energie in dir wirken und spüre das Ergebnis. Jeder Körper und jedes Herz signalisiert beim ersten Satz Enge, Schwere, Spannung, Druck und Ähnliches, während sie auf den zweiten Satz angenehm reagieren.

Das kannst du mit jedem Gedanken machen, den du in einer Situation denkst, wenn es dir nicht gut geht oder du dich über jemanden ärgerst. Zum Beispiel auch mit dem Gedanken, dem die meisten Menschen sofort zustimmen würden: »Diese Welt sollte friedlicher sein!« Der Kopf sagt: Ja, richtig, das sollte sie, aber sie ist es nicht!« Stell diesem Gedanken einmal das Gegenstück gegenüber: »Diese Welt darf jetzt so unfriedlich sein, wie sie ist.« Und fühle die Reaktion deines Körpers hierauf. Kannst du spüren, wie sich bei diesem Gedanken Entspannung breitmacht und in dir selbst Frieden einkehrt?

Niemand hat in den letzten Jahrzehnten mehr zur Wahrheitsfindung von Gedanken und zur Aufdeckung unwahrer Gedanken beigetragen wie die wunderbare Amerikanerin Byron Katie mit ihrer Methode »The Work«, deren vier zentrale Fragen lauten:

- *»Ist dieser Gedanke, den ich denke, wirklich wahr?«*

- *Kann ich absolut sicher sein, dass dieser Gedanke wahr ist?*
  (Antworte auf diese beiden Fragen nur mit »Ja« oder »Nein«.)

- *Wie reagiere ich, wenn ich diesen Gedanken jetzt denke?*

(in meinem Körper, in meinen Gefühlen und in meinem Verhalten)

- *Wer wäre ich ohne diesen Gedanken? Wer wäre ich, wenn ich ihn nicht denken würde?*

Das Ziel von »The Work« ist es, am Ende durch eine Umkehrung des ersten Gedankens mit einem neuen Gedanken, der sich wahrer anfühlt als der erste Gedanke, die Wahrheit herauszufinden. Im Folgenden findest du als Anregung eine Reihe von geläufigen, kritisierenden, anklagenden, das heißt Schuld verteilenden Gedanken, durch die wir uns – auch wenn wir sie noch so unbewusst denken – zum Opfer eines anderen Menschen oder der Ereignisse im Leben machen.

1. »*Ich bin verärgert, weil mein Sohn / meine Tochter …*
- *… einfach nicht auf mich hört.*«
- *… so unendlich faul ist.*«
- *… ständig vor dem Computer hängt.*«
- *… nicht weiß, was er/sie will im Leben.*«

Prüfe selbst, ob vielleicht eine der Umkehrungen dieses Gedankens wahrer ist als deine Vorwürfe an deinen Sohn / deine Tochter.
»*Ich bin verärgert über mich selbst, weil …*
- *… ich selbst nicht auf mich (mein Herz) höre.*«
- *… ich immer nur fleißig sein muss und mir nicht erlauben kann, öfter zu entspannen und einfach nichts zu tun.*«

- *... ich ständig in meiner Arbeit hänge.« Oder: »... ich abends oft vor dem Fernseher hänge.« Oder: »... ich oft zu müde bin, um mit meinem Kind etwas zu unternehmen.«*
- *... ich selbst nicht wirklich weiß, wozu ich lebe.« Oder: »... ich oft keinen Sinn in meiner Art zu leben sehe.«*

2. **»Ich hasse meine/n Ex, weil er/sie ...**
- *... mir meine Kinder vorenthält.«*
- *... mein Kind gegen mich aufhetzt.«*
- *... mich erpresst.«*
- *... mich sehr verletzt hat.«*

Treffen die folgenden Umkehrungen vielleicht eher die Wahrheit? Spüre ehrlich in dich hinein.
»Ich mag mich selbst nicht, weil ...
- *... ich mein Herz für das Kind in mir verschlossen habe.«*
- *... mein inneres, beleidigtes Kind mich gegen ihn/sie aufhetzt.«*
- *... ich ihn/sie auch unter Druck setze.«*
- *... ich mich selbst oft verletzt habe.«*

3. **»Ich verzeihe meinem Vater nie, dass er ...**
- *... uns im Stich gelassen hat.«*
- *... meine Mutter geschlagen hat.«*
- *... mich missbraucht hat.«*
- *... das ganze Geld versoffen hat.«*

Mögliche Umkehrungen, die vermutlich eher wahr sind, könnten sein:

»*Ich kann mir selbst schwer verzeihen, dass ...*
- ... *ich mein Herz oft im Stich gelassen und etwas getan habe, was ich eigentlich nicht wirklich wollte.*«
- ... *ich zu schwach war, meiner Mutter zu helfen oder sie zu beschützen.*«
- ... *ich mich nicht wehren konnte und mich benutzt fühle.*«
- ... *ich so viel runtergeschluckt habe in meinem Leben.*«

4. »*Ich mag meinen Nachbarn nicht, weil er ...*
- ... *ständig gegen uns vor Gericht geht.*«
- ... *uns mit seinem Lärm keine Ruhe lässt.*«
- ... *nie grüßt.*«
- ... *Gerüchte über mich verbreitet.*«

Liegt deine Wahrheit vielleicht in folgenden Umkehrungen hierzu?
»*Ich mag mich selbst nicht, weil ...*
- ... *ich mir selbst ständig Vorwürfe mache und mich kritisiere.*«
- ... *ich auf den Lärm in meinem Inneren nicht achte.*«
- ... *ich ihn und andere unfreundliche Menschen nicht grüße.*«
- ... *ich selbst unwahre Dinge über mich denke.*«

5. »*Ich bin sauer auf meinen Chef, weil er ...*
- ... *mich nie lobt, aber häufig kritisiert.*«
- ... *nicht sieht, was ich wirklich leiste.*«
- ... *immer so von oben herab mit mir redet.*«
- ... *einfach unfähig ist.*«

Prüfe fühlend, ob die folgenden Umkehrungen vielleicht eher die Wahrheit widerspiegeln?
»Ich bin sauer auf mich selbst, weil ...
- *... ich mich selbst selten lobe, aber häufig kritisiere.«*
- *... ich selbst noch nicht anerkennen kann, wie wertvoll meine Arbeit ist.«*
- *... ich mich selbst innerlich oft ›zur Sau‹ mache.«*
- *... ich selbst glaube, ich sei zu vielen Dingen nicht fähig, und mich dafür insgeheim schäme.«*

Du kannst diese Liste ergänzen um Gedanken über die Menschen, mit denen du (noch) nicht im Frieden bist und der Wahrheit mit solchen Umkehrungen näher kommen. So zum Beispiel mit deinem Vermieter oder Mieter, mit Schwager, Schwägerin, Schwiegermutter, Schwiegervater, mit Geschäftspartner, Kunde oder ehemaligem Lehrer, mit Ausbildern, Vorgesetzten, Steuerberatern, Vermögensberatern und anderen.

DIE ARSCH-ENGEL IN DEINER FAMILIE

Deine Eltern und Geschwister – die größten »Türen« zum Frieden heute

Auch wenn viele nichts mehr von ihrer Kindheit hören wollen: In dem, was dort in dir und mit dir geschah, findest du die Quelle und Ursache für die meisten Probleme deines Lebens. Und darum liegt dort auch die Lösung für deine heutigen »Baustellen«: für deine Enttäuschungen und Kränkungen in deinen Partnerschaften, für deinen Ärger mit deinen (kleinen oder schon erwachsenen) Kindern, für die Misserfolge in deinem beruflichen Leben und die schwierigen Beziehungen zu Vorgesetzten und Kollegen, Kolleginnen, Kunden oder zu anderen Menschen deines Umfelds.

Das Kind, das wir damals waren, lernte genau das über sich und das Leben zu denken und zu glauben – über Mädchen und Jungen, Männer und Frauen, über Leben und Arbeiten, Erfolg und Geld, über Liebe und Beziehung, Körper und Sexualität –, was die Schlüsselpersonen Eltern und ältere Geschwister darüber dachten. Und die meisten denken und glauben auch im hohen Erwachsenenalter noch so. Unabhängig davon, wie Vater oder Mutter sich uns gegenüber verhielten, waren wir damals von ihnen abhängig und mussten uns anstrengen, um ihre Aufmerksamkeit, Anerkennung und Liebe zu verdienen. Diese Energie war für uns als Kind genauso überlebenswichtig wie das Essen auf dem Tisch. Und die Art und Weise, wie wir darum kämpften, wirkt sich bis heute auf unser Verhalten zu unserem Partner, unseren Kindern, Vorgesetzten, Freunden und anderen aus. Und es beeinflusst, wie diese sich uns gegenüber verhalten.

Aber nicht das, *was* in unseren ersten Lebensjahren geschah, ist für unser Wohlergehen, für Frieden, Freude und Lebenserfolg heute ausschlaggebend. Es ist die Art und Weise, *wie wir heute* auf diese Kindheit und das Kind von damals sowie auf die Leistungen und das Verhalten unserer Eltern schauen, wie wir darüber denken und was wir entsprechend dazu fühlen. Wie schon gesagt, lebt das kleine Mädchen beziehungsweise der kleine Junge nach wie vor in uns und denkt und handelt oft noch genauso wie damals in den Zeiten der Abhängigkeit und Unfreiheit. Dieses innere Kind steuert uns, den Erwachsenen, in vielen Situationen, und wir wundern uns dann oft darüber, wie wir uns verhalten. Und dann heißt es häufig: »Ja, hätte ich doch nicht ...« oder »Wäre ich doch nicht ...!«

Dieses Kind in uns wartet darauf, jetzt von uns, dem oder der Großen gesehen, verstanden, angenommen und geliebt zu werden. Wir selbst sind es, die heute zum Vater und zur Mutter dieses Kindes werden können.
Erst wenn dieses Kind sich in uns und bei uns geborgen und sicher fühlt und in uns wieder Kind sein darf, können wir als Erwachsene wieder in jener kindlichen

Freude und Leichtigkeit das Spiel des Lebens spielen. Dann geschieht eine entscheidende Änderung in unserem Erwachsenenleben. Erst dann können wir aus den »alten Schuhen« aussteigen, den alten Mustern des Denkens und Verhaltens, in denen wir in unserer Kindheit zu laufen lernten. Diese Muster von damals sind es, die uns heute im Privaten wie im Beruf in Konflikte, Enttäuschungen und Mangelzustände führen und uns dann sauer werden lassen.

Einige davon habe ich in den bisherigen Kapiteln bereits besprochen, wie den Glauben, wir müssten die Erwartungen anderer erfüllen oder wir müssten uns die »Liebe und Zuwendung« anderer durch Leistung und Anpassung verdienen. Hierbei verraten die meisten sich selbst und ihr Herz, weil sie nie lernten, dort Nein zu sagen, wo sich etwas für sie nicht stimmig anfühlt.

Falls wir einen Bruder oder eine Schwester hatten, dann wirkt die Beziehung zu ihnen heute weit mehr in unser Leben hinein, als uns bewusst ist, ganz besonders in die Beziehungen zu Kollegen und Kolleginnen am Arbeitsplatz. Mit den Geschwistern mussten wir um das wertvolle Gut »Aufmerksamkeit und Liebe« kämpfen, das uns unsere Eltern nur in begrenztem Maße und nicht bedingungslos schenken konnten. Und ähnlich rivalisieren sehr viele heute mit Kolleginnen und Kollegen am Arbeitsplatz um die Gunst und Anerkennung von Chef und Chefin. Neid und Missgunst bis zum Mobbing haben ihre wahre Ursache in den Verstrickungen mit Geschwistern und anderen Kindern unserer Kindheit.

Ich möchte dir, liebe Leserin, lieber Leser, sehr ans Herz legen, dir in den kommenden Monaten die in dir gespeicherten Erfahrungen und Beziehungen zu beiden Elternteilen und zu deinen Geschwistern – sofern du welche hattest – sehr genau anzuschauen. Durch meine geführten Meditationen hierzu[*] kannst du in dir und zwischen euch Klarheit, Frieden und Freiheit herstellen, das heißt, du kannst dich aus den Verstrickungen mit ihnen befreien. **Das wird eines der größten Geschenke sein, die du dir jemals selbst machst. Und es wird dein privates wie berufliches Leben mehr verändern als alles, was du bisher kennengelernt hast.** Ich schätze, über 90 Prozent der Konflikte, Probleme und Mangelzustände in unserem Leben sind auf die nicht geklärte, also noch verstrickte und unfriedliche Beziehung des Kindes in uns zu Vater, Mutter und Geschwistern zurückzuführen. Das habe ich inzwischen mit vielen tausend Teilnehmern in meinen Seminaren, besonders in meiner »Transformationswoche«, eindeutig feststellen können.

Ich habe vielen tausend Menschen die Frage gestellt: »Wer von Ihnen hat in seiner Kindheit eine glückliche Mutter oder einen glücklichen Vater erlebt?« Die Ergebnisse waren durchweg gleich von Flensburg bis Luzern, von Graz bis Aachen: Weniger als 5 Prozent, oft weniger als 2 Prozent konnten diese Frage mit Ja beantworten. Was können wir daraus schließen? Diese Eltern konnten uns keine Anleitung für ein glückliches

---

[*] Eine Liste empfohlener Meditations-CD findest du am Ende des Buches.

Leben in Frieden und Freude vermitteln und nicht vorleben, wie das genau geht, eine glückliche Frau oder ein glücklicher Mann zu sein – im Frieden mit sich und mit seiner Umwelt. Das Schöne ist: Wir sind die erste Generation seit Tausenden von Jahren, die sich dies heute erschaffen kann.

In den folgenden Kapiteln wird dir klar werden, welches deiner Themen, zum Beispiel mit Partner oder Ex-Partnern, Chefs oder Kollegen ursächlich auf die Art deiner Beziehung zu Eltern und Geschwistern zurückzuführen ist.
Auch dann, wenn du dich besonders gut mit ihnen verstanden hast oder dich an keine negativen Besonderheiten in deiner Kindheit erinnern kannst, bist du über das Kind in dir mit deinen Eltern und Geschwistern innerlich bis heute verstrickt. Das heißt, du bist nicht frei, deine heutigen Beziehungen und dein Leben nach den Wünschen deines Herzens zu gestalten. Das wirst du erst dann in seiner ganzen Tiefe begreifen, wenn du diese Verstrickungen konkret siehst und körperlich spürst, wie dies in einer der inneren Begegnungen mit ihnen in meinen Meditationen geschieht. Wenn du wirklich dein eigenes Leben leben, das heißt deinen eigenen, unverwechselbaren Weg durchs Leben gehen und nicht das Gefühl haben willst, gelebt zu werden oder als Kopie anderer, lege ich dir die Meditationen der CDs »Mein Vater und ich« und »Meine Mutter und ich« sowie »Frieden mit meinem Bruder oder meiner Schwester« sehr ans Herz.

Durch Bücher wie dieses hier und durch Vorträge erkennen wir auf der mentalen Ebene die Zusammenhänge und gewinnen einen neuen Blick auf uns und unser Leben. Und das ist ein gewaltiger Schritt, sich für neue Gedanken zu entscheiden. In jenen geführten Meditationen werden diese Erkenntnisse jedoch nicht nur mit dem Kopf, sondern erstmals auf emotionale Weise, das heißt fühlend verstanden. Das ist ein weit tieferes Verstehen, als es uns mit dem Verstand je möglich wäre. Hierdurch erst können wir unser Herz für Mitgefühl und Liebe öffnen, zunächst uns selbst und unserem inneren Kind gegenüber und in der Folge auch dem anderen gegenüber, in dem auch immer ein Kind sitzt, das sich meist ängstlich, traurig, wütend, gekränkt oder verlassen fühlt.

Arsch-Engel: Der Vater deiner Kindheit

Deine heutige innere Beziehung zu diesem ersten Mann in deinem Leben hat größten Einfluss auf Frieden und Harmonie oder auf Unfrieden, Wut und Ärger in deinem Leben, auf dein Mann- oder dein Frau-Sein, auf Erfüllung oder Enttäuschung in deiner Partnerschaft, auf Erfolg oder Misserfolg im Beruf und auf manch anderes. Immer noch glauben viele, das sei doch alles Vergangenheit. Ihnen ist nicht bewusst, dass wir unsere erlebte Vergangenheit mit uns herumtragen, dass sie in unserem Körper gespeichert ist und uns deshalb jeden Tag massiv beeinflusst oder steuert. **Das Schöne ist: Wir können sie und unsere inneren Beziehungen zu Eltern und Geschwistern heute verändern.** Und das bedarf der Entscheidung, uns mit unseren Erfahrungen mit ihnen und besonders mit unseren Gedanken und Gefühlen ihnen gegenüber eine Zeit lang intensiv zu beschäftigen. Auch wenn du vielleicht sagst: »Ich bin doch gar nicht wütend auf meinen Vater«, kann deine innere Verstrickung mit ihm dafür verantwortlich sein, dass es in Partnerschaft oder Beruf nicht so klappt, wie du dir es wünschst. Und darüber bist du dann enttäuscht, frustriert oder wütend.

Fragen und Anregungen für Frauen

Was denkst und fühlst du heute im Allgemeinen gegenüber Männern? Magst du Männer? Hast du eher Angst vor Männern? Welche Männer fallen dir besonders unangenehm auf, über welche ärgerst du dich öfter? Und welche Männer hast du in deinem Leben angezogen, bist mit ihnen ins Bett gegangen und hast eine Beziehung mit ihnen begonnen?

Vermutlich hast du bereits eine Reihe von Gemeinsamkeiten bei den Männern festgestellt, die deine Wege gekreuzt haben. Kannst du die Verbindung zu deinem Vater bereits sehen? »Deine Männer« müssen nicht genauso wie er gewesen sein, sie können sogar das glatte Gegenteil von ihm gewesen sein. Und dennoch spielt deine innere Beziehung zum Papa von damals die entscheidende Rolle dabei, welche Männer du unbewusst anziehst. Solange du innerlich zu ihm noch nicht in einem friedlichen, herzlichen und dankbaren Verhältnis stehst, sondern Groll oder Wut, Verachtung oder unerfüllte Sehnsucht ihm gegenüber da sind, muss das Leben alle Hebel in Bewegung setzen, um dich hierauf aufmerksam zu machen. Erst dann wirst du diesen Zustand verändern. Denn du schaust – ob du es willst oder nicht – auf alle Männer dieser Welt mit den Augen, beziehungsweise durch den Filter deiner Gedanken und Gefühle, mit denen du damals gelernt hast, auf deinen Papa zu schauen.
Wenn deine Mutter damals nicht besonders positiv, sondern eher verurteilend und schlecht über deinen Vater

gesprochen hat, dann konntest du das nicht ausblenden, sondern es hat dein Männerbild bis heute mitgeprägt. Solltest du – als Frau – heute also über deinen Vater wie über »die Männer« generell oder über viele Männer verurteilend und herabsetzend denken, dann muss das Leben dir entweder solche Männer »vorbeischicken«, oder du ziehst erst gar keine an. Denn jeder Mann riecht instinktiv, was die Frau Männern gegenüber empfindet.

Hat sich dein Vater damals, als Mutter mit dir schwanger war, lieber einen Jungen gewünscht und hatte sich deine Schwester oder dein Bruder schon die Mama »gekrallt« und war ihr Liebling? Dann hast du mit hoher Wahrscheinlichkeit schon früh die Entscheidung getroffen, deinem Vater diesen Wunsch zu erfüllen und bist »zum besten Jungen im Mädchenkörper« geworden, der du sein konntest. Das hat auf dein Frauenleben die größten Auswirkungen gehabt. Viele beruflich erfolgreiche Frauen sind »Papas Tochter« gewesen. Mit sehr männlichen Fähigkeiten haben sie auch in ihrer Partnerschaft meist die Hosen an und ziehen immer wieder eher schwache, »weibliche« Mama-Söhne an.

War dein Vater ein jähzorniger Mann oder wurde sogar der Mutter oder den Kindern gegenüber gewalttätig, dann sitzt das Erschrecken darüber und die Angst davor noch heute in dem kleinen Mädchen in dir. Die massive Ablehnung inklusive der Angst, ihr könne das noch mal passieren, sorgt bei vielen Frauen wie eine magnetische Kraft dafür, dass sie wieder gewalttätige

oder aggressive Männer in ihr Leben zieht. Oder dass sie – oft zu ihrem eigenen Erschrecken – ihren Kindern gegenüber selbst gewalttätig wird.
Dasselbe trifft oft auf trinkende Väter (oder Mütter) und trinkende Partner zu. Das Mädchen nahm wahr, dass der Vater schwach war (sonst hätte er nicht so viel trinken müssen) und empfand oft Mitleid mit ihm. Dieses Mitleid und die innere Co-Abhängigkeit des Mädchens in der Frau ziehen unbewusst wiederum oft einen schwachen Partner an, um den »frau« sich dann kümmern kann und der ihr eine wichtige Rolle gibt. Bist du vielleicht auch solch eine Männer-Kümmerin geworden?

Fragen und Anregungen für Männer

Was denkst und fühlst du heute deinem Vater der Kindheit gegenüber? Bist du stolz auf ihn, liebst du ihn, oder hasst du ihn? Ist er dir gleichgültig, und denkst du, er könne dir gestohlen bleiben? Oder ist er für dich »gestorben«? Jede Art deiner inneren Beziehung zu ihm hat immensen Einfluss auf dein Mann-Sein, dein Selbstwertgefühl und Selbstvertrauen, deine Entscheidungs-, Willens- und Schaffenskraft sowie auf Erfüllung in der Partnerschaft und Erfolg in deinem Beruf.

Dein Vater war und bleibt das erste männliche Wesen in deinem Leben und hat dir damit die erste Art von Mann-Sein vorgelebt. War er für dich da, hat er dich anerkannt, war er stolz auf dich, und hat er viel Zeit mit dir verbracht? Hat er dir jemals etwas von seinen Gefühlen gezeigt, oder war er emotional verschlossen? Der kleine Junge wünscht sich nichts mehr, als von seinem Vater gesehen und anerkannt zu werden. Dazu waren die meisten Väter jedoch nicht in der Lage, weil sie schlichtweg abwesend waren oder mit kleinen Kindern in ihrer Lebendigkeit nichts anfangen konnten, da ihr Herz schon lange verschlossen war.

Keine Mutter ist in der Lage, ihrem Sohn zu zeigen, was ein Mann ist, der kraftvoll, klar und entschieden seinen Männerweg geht. Darum fehlt den meisten Männern bis heute der Vater, der (im Geiste) hinter ihnen steht und mit seiner Hand auf der Schulter des Sohnes sagt: »Du bist mein Sohn. Ich liebe dich, und meine Liebe begleitet dich auf deinem Weg. Geh deinen ganz eigenen Weg.«

Wie es auch war: Solch eine Beziehung deines Vaters zu dir kannst du heute noch innerlich erschaffen, wenn du den Weg des Friedens und der Aussöhnung mit ihm gehst, ganz gleich, ob er noch im Körper lebt oder nicht.

Vielleicht hast du später Ersatzväter angezogen – einen Lehrer, einen Ausbilder oder einen anderen Mentor –, der dir etwas zugetraut oder mehr in dir gesehen hat, als du selbst damals erkennen konntest, der an dich geglaubt hat. Dennoch bleibt deine innere Beziehung zu deinem leiblichen (und auch die zu deinem Stief- oder Adoptivvater) eine Schlüsselbeziehung für dich und dein Leben heute. Nimm dir also Zeit, diese gründlich zu klären.

Nirgendwo treffen wir öfter Stellvertreter, machen öfter Spiegelerfahrungen unserer Vaterbeziehung als im Beruf. Es sind besonders die Chefs, Team- oder Abteilungsleiter, Geschäftsführer, Inhaber oder der Vorstand – ganz allgemein Autoritätspersonen, die in einer Machtposition über uns stehen –, die uns das vor Augen führen, was wir mit unserem Vater nicht geklärt haben. Als Erstes sind es die mangelnde Anerkennung und das ausbleibende Lob, die der kleine Junge im Mann sich immer noch wünscht, in diesem Fall vom »Vater der Firma oder der Abteilung«. Kaum ein Vorwurf der letzten Jahre gegenüber Führungskräften ist lauter gewesen als der Ruf: »Ihr könnt nicht loben. Ihr müsst loben lernen!« Und dort, wo die Mutter der »Sheriff« im Haus war, sind die Auseinandersetzungen und Enttäuschungen mit dem oder der Vorgesetzten meist Hinweise auf die Verstrickungen mit ihr. Chefs nehmen in der »Bundesliga der Arsch-Engel« seit Jahren einen Spitzenplatz ein.

Die wenigsten unserer Väter können bis heute ihren Sohn (wie auch die Tochter) aus ganzem Herzen loben, weil sie sich selbst nicht loben können und an einem tiefen Mangel an Selbstanerkennung leiden. Ihre Väter konnten es nicht und deren Väter ebenso wenig. Und sich selbst zu loben (und zu lieben) gilt in unserem »christlichen« Abendland bis heute als anrüchig. Es ist einerseits die (damals unerfüllte) Sehnsucht, Papa möge mich anerkennen, die zu Enttäuschungen mit dem heutigen Chef führen (denn er ist nicht dein Papa). Andererseits haben die meisten Männer (wie auch

Frauen) bis heute ihrem eigenen Vater ihre Anerkennung verweigert und tun dies ebenso ihrem Vorgesetzten gegenüber. Jeder Chef wie jeder Vater hat sein Bestes gegeben, genauso wie du selbst. Ob du das sehen willst, ist deine Entscheidung.

Arsch-Engel: Die Mutter deiner Kindheit

Keinen Menschen in unserem Leben haben wir intensiver kennengelernt, mit keinem waren wir in der Regel länger zusammen, und von keinem waren wir abhängiger als von unserer Mutter. Allein die neun Monate in ihrem Bauch waren schon ein kleines ganzes Leben, dessen Erfahrungen gut in uns gespeichert sind. Von der Mutter waren wir in unseren ersten Jahren physisch und psychisch komplett abhängig – und letzteres sind die meisten Frauen und Männer innerlich bis heute. Nur wissen oder glauben sie es nicht.
Unsere heutige innere Beziehung zu dieser ersten Frau in unserem Leben bestimmt wie keine andere über unseren inneren und äußeren Frieden oder Unfrieden, über unser Frau- und Mann-Sein und unsere Lebensqualität. Denn Mütter haben den weitaus größeren aktiven Einfluss auf das Denken und Verhalten von Sohn wie Tochter als die viel öfter abwesenden Väter. Dies hat nichts mit Verurteilung zu tun, sondern ist eine Feststellung, die ich aus den Erfahrungen mit meinen Seminarteilnehmern heraus treffe.

Was Mütter im Alltag mit ihren Kindern leisten, ist gewaltig und verdient eine weit höhere gesellschaftliche Anerkennung – auch in finanzieller Hinsicht –, als sie bis heute gegeben wird. Väter, die auch nur eine

Woche ihre Kinder versorgt haben, wissen das. Aber viele Frauen gehen ganz in ihrem Mutter-Sein auf und »krallen« sich das Kind oder die Kinder, besonders dann, wenn die Beziehung zum Partner eher unbefriedigend ist. Unbewusst wollen sie von den Kindern etwas bekommen und betrachten das Mutter-Sein nicht als Zeit-Job. Nur wenige ermutigen die Kinder frühzeitig zur Selbstständigkeit und zur Übernahme ihrer Verantwortung für Dinge, die sie selbst erledigen oder entscheiden können. Viele Mütter können ihre Töchter, aber besonders ihre Söhne auch dann noch nicht loslassen, wenn sie zwanzig sind.

Fragen und Anregungen für Männer

Was für ein Verhältnis hast du zu *den* Frauen im Allgemeinen? Ich meine nicht nur zu denen, die du attraktiv findest und die gut aussehen, sondern zu allen Frauen, jungen wie alten, schönen wie nicht so schönen? Welche Frauen kannst du nicht leiden, und welches Verhalten von ihnen ist es genau, das dich abstößt? Kennst du in dir Angst vor Frauen? Und welche Frauen hast du in deinem Leben schon als Partnerin angezogen? Und wenn sie in deinen Augen nicht »die Richtigen« waren, was an ihnen hast du abgelehnt, oder womit an ihnen bist du nicht klargekommen?

Ist dir heute schon bewusst, was deine Beziehung zu deiner Mutter in der Kindheit mit all den Frauenerfahrungen deines bisherigen Lebens zu tun hat? War deine

Mutter eher distanziert und kühl und hatte kaum Zeit für dich? Hat sie deinen Bruder oder deine Schwester dir vorgezogen? Oder hat sie versucht, dich zum kleinen Ersatzmann zu machen, dir ihre Sorgen ausgeschüttet und einen Keil zwischen dich und deinen Vater getrieben? Wenn sie eher schwach oder leidend war, ist die Wahrscheinlichkeit groß, dass du später wieder leidende Frauen angezogen und dich als Frauenretter bewährt hast, weil du schon damals Mama helfen oder retten wolltest.

Hat deine Mutter dir viele Dinge vorgeschrieben und dir kein Vertrauen in deine eigene Entscheidungskraft vermittelt? Hatte sie dich fest im Griff wie die »Helikoptermütter« von heute, die über jede Stunde ihrer Kinder per Smartphone wachen? Dann hast du vermutlich schon einige Damen kennengelernt, die dich ähnlich dominieren wollten wie die Mama damals.

Auch hier gilt: Ganz gleich, welche Art von Mutter du erlebt, und ganz gleich, welche Frauen du aufgrund deiner Muttererfahrungen angezogen hast, du kannst dich heute aus den Verstrickungen mit ihr befreien. Und das unabhängig davon, wie alt du bist.

Fragen und Anregungen für Frauen

Es gibt kaum eine zwiespältigere Beziehung als die vieler Frauen zu ihrer Mutter. Weit mehr als die Hälfte, ich schätze 70 bis 80 Prozent aller Frauen haben sich einmal entschieden, es im Leben »ganz anders« zu machen als ihre Mutter. Gehörst du auch zu ihnen? Dann bitte ich dich, diese Entscheidung noch mal zu überprüfen und sie anders zu formulieren. Denn jene Entscheidung hieß meist: »Ich will nicht so schwach oder abhängig sein wie sie. Ich will stark sein.« Wird diese Entscheidung nicht korrigiert, führt sie die Frau irgendwann genau dorthin, wo sie nie landen wollte, in die Schwäche, meist verursacht durch Krankheit.

Die neue Entscheidung kann lauten: »Ich bin stark, und ich darf mir auch Schwäche zugestehen und mich damit annehmen. Ich darf mich auch fallen lassen und mich mit meiner schwachen, verletzlichen Seite zeigen und diese Seite lieben lernen.«

Das unfriedliche, verstrickte Verhältnis zur Mutter (und zur Schwester, wenn eine da war) spiegelt sich in der oft schwierigen Beziehung zu anderen Frauen, besonders im sogenannten Zickenkrieg, der oftmals dort, wo viele Frauen arbeiten, in extremer Weise zu Ausgrenzung und Mobbing führt.

Darum frage dich: »Was denke und fühle ich anderen Frauen gegenüber? Kann ich es anderen Frauen gönnen, wenn sie erfolgreicher, attraktiver, glücklicher sind als ich? Wie oft beobachte ich im Alltag an mir, dass ich andere Frauen innerlich kritisiere und abwerte? Wie oft lästere ich mit einer Freundin über andere Frauen?«

Wenn dies oft der Fall ist, zeigt es dir, wie sehr du noch mit dir selbst als Frau und höchstwahrscheinlich mit der Mutter deiner Kindheit im Krieg liegst. Wie viele wirklich gute Freundinnen hast du, mit denen du offen über deine Ängste, Schwächen und Selbstzweifel sprechen kannst? Solltest du mit Männern weit besser als mit Frauen klarkommen, dann nimm das als Hinweis dafür, dass du mit dir als Frau und deinem Frau-Sein noch nicht im Frieden bist. Wenn du das ändern willst, dann ist die Mutter deiner Kindheit dein größtes »Friedensobjekt«.

Unser Umgang mit den noch lebenden Eltern

Sollten dein Vater, deine Mutter oder beide noch leben, dann weißt du genau, wie herzlich und friedlich es in dir ihnen gegenüber aussieht beziehungsweise wie es sich anfühlt. Das merkst du nicht erst beim Besuch an ihrem Geburtstag oder zu Weihnachten. Du spürst es beim Zusammensein mit ihnen oder schon, wenn du nur an sie denkst: Lösen sie in dir wieder die Gefühle aus, die du schon als kleines Mädchen oder als Junge gefühlt hast? Wut und Hilflosigkeit, Kleinheit oder Schuld oder andere? Wenn das der Fall ist, erwarte nicht, dass sie sich heute ändern oder dir endlich ihre Anerkennung zeigen und dich für deinen Weg loben. Wenn sie es tun, schön. Wenn nicht, dann können sie es noch nicht und werden es vielleicht nie können. Den anderen so sein zu lassen und so anzunehmen, wie er ist, und eigene Erwartungen und Forderungen zurückzunehmen, das ist Liebe.
Übernimm deine Schöpferverantwortung für alle Gefühle, die dein älterer Vater oder deine betagte Mutter heute noch in dir hochholen. Du weißt jetzt: Diese

Gefühle gehören zu dem Kind, das lebendig in dir ist und um das *du* dich jetzt kümmern darfst.

Viele Menschen haben zu ihrer großen Freude und zu ihrem Erstaunen festgestellt, dass sich ihr Vater oder ihre Mutter auch im hohen Alter noch öffnen konnten und sie Liebe, Anerkennung und Dankbarkeit von ihnen empfingen. Dies war möglich, weil sich Sohn oder Tochter geduldig und beharrlich die Zeit nahmen, sich ihrer inneren Beziehung zu ihnen zu widmen. Einige hatten sich zum Beispiel ihr Leben lang gewünscht, von ihrem Vater einmal in den Arm genommen zu werden oder endlich ein Lob zu hören. Unter Tränen der Berührung berichteten sie davon, mit welcher emotionalen Ergriffenheit sie dieses Geschenk im Alter von fünfzig oder mehr Jahren endlich in Empfang nehmen konnten.

Ganz gleich, ob deine Eltern noch leben oder nicht, ob Vater oder Mutter mit gebrochenem Herzen oder dement im Altersheim sitzen, krank im Bett liegen und noch nicht gehen oder loslassen können, mach ihnen und dir selbst das Geschenk, sie und ihre Lebensleistung zu ehren und zu würdigen. Auch sie haben – wie du selbst – ihr Bestes gegeben. Mehr konnten sie nicht.

Dieser Schritt gelingt selten von heute auf morgen, sondern ist das Ergebnis deines persönlichen inneren Friedensprozesses mit ihnen. Solange du das noch nicht kannst, verzeih es dir. Aber wenn du es tust, findet zugleich ein Heilungsprozess statt, der sich auf all deine Lebensbereiche und dein Grundlebensgefühl in höchstem Maße segensreich auswirkt.

Arsch-Engel Bruder und/oder Schwester

Für den Frieden in deinem Leben darfst du verstehen, was den Unfrieden in dir und die dadurch verursachten Konflikte mit anderen Frauen und Männern auslöst. Das wichtigste Thema dabei ist dein inneres Verhältnis zu den anderen Kindern deiner Kindheit, vor allem zum Bruder und zur Schwester. Warum? Im Wesentlichen deshalb, weil du dich mit ihnen damals in einem Konkurrenzkampf um Liebe befandst. Du und sie, jeder suchte in der Familie, später in der Schulklasse und dann am Arbeitsplatz seinen Platz und seine Rolle. Jeder verhielt und verhält sich so, dass er möglichst viel von anderen bekommt. Liebe hieß damals und heißt hier heute noch: Anerkennung, Wertschätzung, Aufmerksamkeit, Zuwendung, Lob, Status und Einkommen. **Und in vielen ist die Angst der Kindheit gut gespeichert, nicht genug zu bekommen. Die Sorge, es könne nicht reichen. Das ist die Grundlage für Neid, Missgunst, Eifersucht und Mobbing sowie für Wut und Hass auf andere.** Die Auswirkungen der Geschwisterbeziehung sind jedoch nur wenigen bewusst. Darum findest du auch in diesem Abschnitt eine Reihe von Fragen, mit denen du dem Ärger in dir und mit anderen auf den Grund gehen kannst.

Falls du Geschwister hast, welche Position hast du in der Reihenfolge inne? Das älteste und das jüngste Kind hatten in der Regel die stabilere, klarere Position im Vergleich mit denen »dazwischen« in ihrer »Sandwichposition«. Letztere haben es im Leben oft viel schwerer, ihren Platz zu finden und einzunehmen. Es fällt ihnen schwerer, Wurzeln zu schlagen, die Halt geben, und sie empfinden zum älteren oder jüngeren Geschwister oft ein Spannungsverhältnis. Andere verbündeten sich mit einem Bruder oder einer Schwester gegen ein anderes Geschwister oder gegen die Eltern. Noch andere mussten früh Verantwortung für die Schwester oder den Bruder übernehmen, auf sie oder ihn ständig aufpassen, womit für viele das freie Gefühl, Kind zu sein und nach Herzenslust spielen zu können, früh vorbei war. Das verhagelte dem Kind, das früh Verantwortung tragen musste, die Lebensfreude und erzeugte oft Aggressionen auf sein kleineres Geschwister. Wieder andere mussten ständig Rücksicht auf die kranke Schwester oder den behinderten Bruder (oder auf einen Elternteil) nehmen – mit demselben Effekt. Außerdem ist da noch die bereits erwähnte Aggression auf das Kind, das nach uns kam, dem von einem Tag auf den anderen plötzlich die Hauptaufmerksamkeit zuteilwurde.

Fragen zu deinem Bruder oder deiner Schwester

Was war deine spezielle »Strategie« (im Unterschied zu der deiner Geschwister), um die Zuwendung deiner Mutter und deines Vaters zu bekommen? Waren es Kuschen und Anpassen, Fleißig-Sein oder Rebellion, Krankheit oder Verbünden mit dem einen oder anderen? Wer von euch war Mamas Liebling, wen hat Papa spürbar mehr gemocht?

Wer von deinen Geschwistern galt damals – in den Augen deiner Eltern – als mehr wert als du? Wer wurde dir oft vorgezogen? Wer bekam von den Eltern am häufigsten die Schuld und wurde bestraft, wenn etwas schief oder kaputtging? Wenn du es warst, spür mal, was du heute noch dazu fühlst. Wer wurde öfter gelobt als du? Und mit wem wurdest du – meist zu deinen Ungunsten – verglichen?

Deine Antworten auf diese Fragen lassen dich die Parallelen in deinem heutigen Leben schnell erkennen. Im Spannungsverhältnis mit deinem Partner, deinen Kindern und deinen Kollegen oder Freunden findest du die Wiederholung so manchen Musters, mit dem du dich durch deine Kindheit manövriert hast.

Das große Thema hinter dem Geschwisterverhältnis ist das Thema des Mangels mit Gedanken wie: »Es könnte nicht reichen. Es ist nicht genug für alle da. Der oder die nimmt mir was weg.« Wer solche Gedanken glaubt, erzeugt genau das, wovor er Angst hat, und er schafft Konflikte und Unfrieden, sei es in seiner Familie oder an seinem Arbeitsplatz.

Frage dich: Welche Kollegin, welchen Kollegen in deinem Umfeld kannst du am wenigsten leiden? Wer hat beim Chef den größten Stein im Brett? Wem wird etwas zugestanden, was dir nicht zugebilligt wird? Was empfindest du als besonders »ungerecht«?

Kein Vater und keine Mutter ist oder war in der Lage, jedes Kind gleichermaßen zu lieben. Keiner von ihnen konnte verhindern, dass ihm dieses oder jenes Kind sympathischer war oder innerlich näher stand. Und jeder in der Familie hat es gespürt, nur sagen durfte es niemand. Dasselbe spielt sich heute am Arbeitsplatz und insgesamt in unserer Gesellschaft ab. Warum lösen wohl die Menschen, die zu uns fliehen, bei so vielen Verunsicherung und Hass aus? Es ist die Widerspiegelung von Bruder- und Schwesternhass gepaart mit der Angst, es könne nicht für alle reichen.

Unser Umgang mit den heute erwachsenen Geschwistern

Jeder, der nur ein wenig hinschaut, kann sehen, inwieweit das Verhältnis aus der Kindheit bis heute noch die Beziehung zum Bruder und zur Schwester belastet. Spätestens dann, wenn es etwas zu erben gibt, wird der Unfrieden offenbar, der oft latent über Jahrzehnte unter der Oberfläche gärte. Aber auch unsere Familientreffen, zu Weihnachten, zum Geburtstag oder bei einer Beerdigung, lassen uns deutlich spüren, wie viel Nähe oder Distanz, Herzlichkeit oder Kälte zwischen uns und ihnen bis heute besteht.

Auch hier möchte ich noch einmal betonen: Betrachte den Bruder oder die Schwester, mit dem oder der du noch nicht im Frieden bist, nicht als »Problem«, sondern als eine wichtige Tür zum Frieden in dir und mit dir selbst. Unfrieden schafft Unzufriedenheit, und diese erzeugt Folgekonflikte, Mangelzustände und letztlich auch Krankheit. Auch wenn dein Verstand es (noch) nicht glaubt, dein Herz weiß: Dein Bruder wie deine Schwester sind nicht schlechter und nicht besser als du, nicht weniger oder mehr wert, ganz gleich wie sie sich dir gegenüber verhalten haben oder es heute tun. Jeder ist aus seiner Geschwisterposition heraus seinen Weg mit seinen Talenten und »Handicaps« so gegangen, wie er es konnte. Und jeder glaubte, es so machen zu müssen. Jeder hat sein Bestes gegeben, so wie du selbst auch. Dein Bruder wie deine Schwester werden wie du bis heute in ihrem Verhalten und ihren Gefühlen zu weiten Teilen von dem kleinen Jungen oder dem Mädchen in sich gesteuert, die sie damals waren.

Die ungeklärte Kindheit und ihre »Ungerechtigkeiten«, ihre Verletzungen, Kränkungen und Wunden schmerzen auch deine mittlerweile alten Geschwister noch. Finde dich nicht wie viele mit dem Gedanken ab, die Vergangenheit sei vorbei, die Kindheit sei gelaufen. Das Kind in dir wartet immer noch auf eine »glückliche Kindheit«, die du ihm heute noch in deinem Verhältnis zu ihm schenken kannst. Fang an, es zu sehen, mit ihm zu sprechen und seine Gefühle zu fühlen. Schenke ihm und damit dem Spiel, der Freude, der Kreativität und dem Genuss in deinem Leben wieder Raum. Erinnere dich, woran du als Kind größten Spaß hattest und gönne ihn dir heute wieder.

Arsch-Engel Partner und Ex-Partner

Konflikte und Enttäuschungen in der Partnerbeziehung

Nirgends werden Menschen so sehr verletzt, enttäuscht oder herausgefordert wie in ihren Beziehungen zu den Männern und Frauen, mit denen sie eine Partnerschaft oder Ehe eingehen. Das ist auch kein Wunder, denn genau hier wünschen wir uns am meisten Nähe, Geborgenheit, Verständnis und Liebe. Hier sind wir am stärksten verletzbar. In solche Beziehungen schlittern wir jedoch höchst unvorbereitet mit geradezu naiven Vorstellungen hinein, die zu Enttäuschungen führen *müssen*. Denn unsere Gedanken über Liebe und Partnerschaft stecken voller Täuschungen, das heißt voller unwahrer Gedanken. Ich habe diese Irrtümer in meinem Buch *Wahre Liebe lässt frei!* ausführlich beschrieben. Darum will ich mich in diesem Buch dazu kurz fassen.

Der größte Irrtum besteht in der Wunschvorstellung, diese Frau oder dieser Mann möge mich glücklich machen. Auch wenn es für dich ernüchternd klingen mag: Dazu ist kein Mensch in der Lage, außer einem, und der bist du selbst. In vielen aber denkt es: »Ich brauche einen Partner (um glücklich zu sein).« Solange du das glaubst, werden dich deine Partner enttäuschen müssen. Es ist das Denken des kleinen Kindes in dir, das tatsächlich mindestens einen Menschen für sein physisches und psychisches Wohl und Überleben benötigte. Ein entscheidender Unterschied zwischen Kind und Erwachsenem ist der, dass wir lernen dürfen, niemanden zu »brauchen«. Wir können lernen, auf die eigenen Füße zu kommen und uns selbst all das zu schenken, was das Kind tatsächlich von jemand anderem braucht(e). Und das lernen wir interessanterweise besonders durch die Enttäuschungen in unseren Beziehungen. Darum sind diese oft schmerzlichen Erfahrungen sehr sinnvoll und letztlich ein Geschenk, das viele lange nicht erkennen und annehmen können.

Solange wir glauben, einen Partner zu brauchen, ziehen wir in der Regel einen Menschen an, der das ebenso glaubt. Und dann trifft ein »Braucher« auf einen anderen »Braucher«, und die beiden gründen keine Liebesbeziehung, sondern eine »Verbrauchergemeinschaft« beziehungsweise eine Bedürftigkeitsbeziehung. Sie verbrauchen die Anfangsenergie der meist erotischen Anziehung sehr schnell. Das Feuer geht so schnell aus wie das Feuer im Kamin, wenn du nur kleine Späne zum Anzünden hast und keine dicken Holzbrocken zum Nachlegen, die dem Feuer dauerhaft Nahrung geben. Die meisten Kontaktanzeigen bei Parship & Co tragen die Überschrift »Braucher sucht Braucher«.
Manche Menschen in meinen Seminaren fragen: »**Ja, wozu soll eine Beziehung denn gut sein, wenn mich mein Partner nicht glücklich machen kann?**« Eine gute Frage.

Was würdest du selbst im Moment darauf antworten? Wenn du in Zukunft eine erfüllende, glückliche Partnerschaft leben willst – falls du sie noch nicht lebst –, dann entscheidet die Qualität und Klarheit deiner Antwort auf diese Frage über dein Liebesglück.

Falls du in einer Partnerschaft lebst, ob unter einem Dach oder räumlich getrennt, brauchst du nicht lange zu überlegen, was dich alles am anderen hin und wieder oder oft stört, nervt, aufregt, verunsichert, traurig oder wütend macht. Dennoch empfehle ich dir sehr, es präzise aufzuschreiben, damit dir die Antwort auf zwei zentrale Fragen klar wird. Erstens: *Was ist es genau, was der andere tut oder nicht tut, was in mir das ungute Gefühl auslöst?* Und zweitens: *Wie heißt dieses Gefühl, das der andere in mir auslöst?*

Mach also eine Liste mit zwei Spalten und trag in der ersten, größeren Spalte ein, welches Verhalten oder welche Eigenschaft deines Partners du nicht magst. Schreib in die zweite, ob es dich zum Beispiel nur ein wenig ärgert oder ein Gefühl wie Wut, Ohnmacht, Kleinheit, Scham, Schuld, Trauer oder ein anderes auslöst. Es sind wie gesagt meist zwei oder gar drei Gefühle zugleich.

Dasselbe empfehle ich dir, für deine Ex-Partner oder -Partnerinnen zu machen, besonders dann, wenn du heute noch spürst, dass du mit ihnen in deinem Inneren noch nicht im Reinen bist.

Schauen wir uns gemeinsam ein paar typische Vorwürfe und Klagen an, die Frauen und Männer in meinen

Seminaren immer wieder vorbringen. Viele Frauen denken oder sagen oft über ihre Männer:
»Mein Partner / mein Mann ist zu wenig da für mich. Er kommt oft erst spät nach Hause. Er interessiert sich nicht wirklich dafür, wie es mir geht und für das, was ich den ganzen Tag über gemacht habe. Er hört mir nicht zu. Er versteht mich nicht. Er kann kaum Gefühle zeigen und spricht nicht darüber, was in ihm vor sich geht. Er macht vieles mit sich allein aus, und er trinkt mir oft zu viel. Und am Haushalt beteiligt er sich herzlich wenig. Ich fühle mich mit vielem allein gelassen. Er interessiert sich mehr für seine Arbeit oder seinen Verein als für mich und seine Familie.«

Das sind schon über zehn Vorwürfe oder »Reklamationen«, in denen sich viele Frauen wiedererkennen werden. Und die Forderungen dahinter heißen: »Er *sollte* sich ändern. Er *sollte* anders sein oder sich anders verhalten – dann ginge es mir besser. Er *sollte* gefühlvoller oder liebevoller, zärtlicher, offener, klarer, verständnisvoller und anwesender sein. Er *sollte* mich besser verstehen, sich nicht gehen lassen oder nur seinen Beruf und seinen Sport im Kopf haben. Er *sollte* mich mal überraschen und Initiative zeigen, unseren Hochzeitstag nicht vergessen, mich entlasten und mir sagen, wie wertvoll ich für ihn bin, und mir zeigen, dass er mich wirklich liebt.«

Nun wirst du, liebe Leserin, schon festgestellt haben, dass es verdammt schwer ist, einen Mann (oder irgendeinen anderen Menschen) zu ändern. Und sollte es dir doch einmal gelingen beziehungsweise sollte er tatsächlich »hart an sich arbeiten« oder sogar anfangen, sich für Neues zu öffnen (zum Beispiel für dein Interesse an spirituellen Themen), dann findet sich doch immer wieder noch etwas an ihm, was du nicht gut findest. Wäre das nicht wunderbar, du könntest dir bei Amazon oder beim Universum den »perfekten« Mann bestellen oder ihn dir gleich selbst backen?

An dieser Stelle werden sich auch einige Männer zu Wort melden und re-klamieren (auf Deutsch: »zurückrufen«): »Genau das geht mir bei meiner Frau (oder ging mir bei meiner Ex-Frau) immer auf den S...: dieses ständige Herummachen an mir, dieses Nörgeln, Meckern und diese ständige Unzufriedenheit mit mir.«
Männer verändern zu wollen gehört neben Yoga zu einer der beliebtesten »Sportarten« von Frauen. Ja zugegeben, es gibt auch Männer, die ihre Energie dabei verschwenden, ihre Frauen ändern zu wollen, aber den Weltmeistertitel auf diesem Gebiet nimmt euch keiner, verehrte Damen.
Männer klagen außerdem oft mit Sätzen wie: »Sie kann mich nicht einmal in Ruhe lassen. Sie will immer was von mir. Ich kann es ihr nie recht machen. Sie hat selten oder nie Lust auf Sex. Man kann mit ihr nicht vernünftig reden. Sie will gar nicht wissen, wie es mir geht. Sie kann nicht zuhören. Sie ist immer schnell auf 180 und wird dann immer so emotional. Sie fühlt sich mit allem schnell überfordert. Ich fühle mich oft von ihr kontrolliert. Sie will oft der Mann im Haus sein und mir sagen, was ich zu tun habe. Unser Kind ist

ihr wichtiger als ich. Seit wir Kinder haben, fühlt sie sich nur noch als Mutter, aber nicht als meine Frau. Wenn ich mal was allein unternehmen will, gibt's sofort die Krise. Dann will sie gleich wissen, ob alles in Ordnung sei und ob ich sie noch liebe.«

In einer Zweierbeziehung kommen immer vier zusammen

Wenn zwei Menschen sich kennen und lieben lernen und eine Beziehung miteinander eingehen, ist ihnen kaum bewusst, dass hier nicht nur zwei Erwachsene, sondern auch zwei Kinder zusammenkommen. Das trifft für heterosexuelle Beziehungen genauso zu wie für homosexuelle. Im ersten Fall begegnen sich nicht nur Frau und Mann, sondern auch das Mädchen in der Frau und der kleine Junge im Mann. Diese beiden Kinder fühlen sich von »ihrem« Erwachsenen jedoch selten gesehen und schon gar nicht geliebt. Wir denken, die Kindheit sei passé. Aber nein, unsere Kindheit lebt in der Person des Kindes in uns weiter – es existiert nicht nur im Fotoalbum. Dieses Kind hat Wünsche und Bedürfnisse, Hoffnungen und Sehnsüchte und aufgrund seiner Erfahrungen auch Ängste, Verletzungen, Enttäuschungen und Kränkungen in sich gespeichert.

Es ist dieses Kind in uns, das sich nach Annahme und Liebe sehnt. Aber wir, die Erwachsenen, begreifen die längste Zeit nicht, dass wir selbst für die Befindlichkeit dieses Kindes in uns zuständig sind und es lieben können, sondern übertragen dessen Wunsch nach Liebe auf den Partner. So wollen Partner meist vom anderen etwas haben. **Und viele nicken zustimmend, wenn sie hören, eine Beziehung sei immer »ein Geben und Nehmen«. Solange wir das glauben, wird die Partnerschaft zu einem Deal, einer Handelsgemeinschaft, deren Regel lautet: »Du gibst mir dies, und ich gebe dir dafür jenes zurück.« »Du gibst mir wirtschaftliche Sicherheit, und ich gebe dir dafür emotionale Sicherheit und ein bisschen Sex dazu.«**

Solche meist unbewussten Vereinbarungen sind völlig in Ordnung und nicht zu verurteilen. Es hat aber mit Liebe nicht viel zu tun, stets eine Soll-und-Haben-Bilanz oder eine Gewinn- und Verlustrechnung dem anderen gegenüber aufzumachen. **Eine Beziehung der Liebe bedeutet ein Schenken (aus Freude am Beschenken) und ein Sich-beschenken-Lassen (ohne die Forderung oder Erwartung, dass vom anderen etwas zurückkommt).** Solange wir jedoch nicht lernen, uns selbst das zu schenken, was wir vom anderen erwarten, muss es zu Ärger, Wut und Enttäuschung in unseren Beziehungen kommen. Solange wir nicht das kleine, meist ängstliche und bedürftige Kind in uns selbst erkennen und beginnen, gut und immer besser für es zu sorgen, können wir auch das Kind im anderen nicht wahrnehmen. Darum übernehmen die Kinder in uns oft dann die Macht über unser Verhalten und Sprechen dem Partner gegenüber, wenn sie sich wieder mal enttäuscht oder verletzt fühlen. Erinnere dich nur an die letzten Auseinandersetzungen mit deinem Partner oder

Ex-Partner. Sah das aus wie eine reife Begegnung zweier Erwachsener oder traten sich hier zwei Kinder gegen die Schienbeine?

Die Beschreibung einer liebevollen Partnerschaft enthält im Kern eine der vielen Botschaften der Geistigen Welt, die du zahlreich auf meiner Website nachlesen kannst: »**Die Ur-Energie von Partnerschaft heißt: veredeln. Der eine veredelt den anderen. So wie die Goldfassung den Diamanten veredelt und der Diamant die Goldfassung.**«

»Mein Partner hat mich verlassen«

Wenn wir enttäuscht, verlassen oder im Stich gelassen wurden, reagieren wir ganz besonders oft mit Bitterkeit oder Verbitterung, mit Wut oder Scham, mit Schuld oder Resignation.
Besonders weh tut es, wenn uns der andere offenbar nicht mehr liebt, nicht mehr bei uns sein will, nachdem wir uns vorher von ihm geliebt fühlten, in ihn verliebt waren oder ihn geliebt haben. Ob es nun nach zwanzig Jahren Ehe geschieht oder nach ein paar Monaten, in denen die Schmetterlinge im Bauch umeinander flatterten. Wie bist du damit umgegangen, als es dir passierte? Hast du die »Sache« schnell abgehakt, hast du getrauert oder dich gegrämt, warst du lange wütend auf deine Partnerin oder deinen Partner und vielleicht auf dich selbst, weil du dich »wieder mal geirrt« hast?

Und was fühlst du heute, jetzt in diesem Moment noch, wenn du an diesen Menschen und sein Verhalten denkst? Du spürst sofort, ob du mit ihm und mit dem, was geschah, im Frieden bist oder ob deine Wunde des Verlassen-Werdens noch offen ist und schmerzt. Diese Wunden der Vergangenheit, ganz besonders unsere Verlassenheitswunde, warten auf Heilung durch uns. Aber dies geschieht nicht automatisch, die Zeit allein heilt keine Wunden. Das ist ein weit verbreiteter Irrtum. Die Zeit hilft nur zu verdrängen. Doch wir dürfen und können heute etwas Wesentliches tun, damit die Wunde in uns heilen kann und wir die Kette der Wiederholungen solcher Kränkungen unterbrechen. Und darum geht es in diesem Buch, um den Frieden in uns, mit uns selbst und mit unserer ganzen Vergangenheit.

Du kannst dich auch entscheiden, anders zu denken. Natürlich kannst du auch annehmen, dass das einfach »Fehlgriffe« waren und dass du mit der richtigen Partnervermittlung noch mal jemanden findest, der »wirklich« zu dir passt oder »besser« ist als all die anderen und dich nicht mehr verletzen und verlassen wird. »Good luck!« Du kannst auch wie manche sagen: »Ich habe die Schnauze jetzt voll, mir reicht's jetzt mit *den* Männern oder mit *den* Frauen. Wenn man sich auf jemanden verlässt, wird man verlassen. Wenn man liebt, tut es immer wieder weh.« Das ist übrigens einer der am tiefsten sitzenden Glaubenssätze, mit denen viele von uns immer wieder Leid erschaffen. Er heißt: »Liebe bedeutet Schmerz.«

Du kannst dich auch entscheiden, in Zukunft »besser aufzupassen« oder das Ganze nicht so eng, nicht so verbindlich werden zu lassen und den Partner immer auf Distanz zu halten, damit du dich schnell zurückziehen kannst, bevor es zu eng wird und du dich abhängig fühlen könntest. Wäre das nicht toll, wenn wir uns vor jeder weiteren Verletzung schützen könnten? Wenn uns das einigermaßen gelingt, dann versperren wir jedoch zugleich den Weg zu Nähe, Intimität und gemeinsamem Wachstum.

Machen wir zunächst einen Schlenker zu unseren vergangenen Beziehungen, Ehen, Partnerschaften, Liebschaften oder Affären, zu allen längeren oder kürzeren Phasen, in denen wir uns einem Menschen nahe fühlten oder ihn liebten. Stell dir mal vor, du hättest einen großen Raum, vielleicht sogar eine Halle, eine ganz persönliche »Hall of Fame« (eine »Halle für Wertschätzung und Würdigung«), in der alle diese Männer oder Frauen wie in einer großen Galerie auf Portraits oder in Form von Statuen versammelt wären. Du könntest vor jeden Einzelnen treten und ihn betrachten, und du könntest spüren, was du ihm oder ihr gegenüber *jetzt im Moment* empfindest.

Bei wie vielen würdest du denken: »Ich danke dir herzlich für die Zeit, die ich mit dir zusammen sein durfte. Danke für alle Geschenke, die ich durch dich und durch die Erfahrungen mit dir erhalten habe«? Bei wem würdest du denken: »Du warst ein Engel für mich, und ich denke gern an die Zeit mit dir zurück«? Und bei wem würdest du denken: »Du bist und bleibst für mich ein

›Arsch‹, denn ich spüre in mir immer noch Wut oder Groll dir gegenüber. Denn du hast mir wehgetan«?

Diese »Halle« existiert wirklich, und zwar in dir. Bei vielen ist sie bisher eher eine »Hall of Shame«, da in ihr noch viel Scham (»Wie konnte ich nur so dumm sein,...«) Groll und Wut über das angesammelt ist, was sie mit diesem Menschen erfahren haben.
Wenn du später genauer hinschaust, kannst du entdecken, dass es von diesem Raum in weitere Räume geht, wo noch andere Menschen versammelt sind, mit denen du bis heute entweder im Frieden oder im Unfrieden bist. Alles Menschen, die deine Lebenswege gekreuzt oder dich eine Zeit lang begleitet haben. Es sind entweder die »Engel deines Lebens« oder »die Leichen in deinem Keller«, je nachdem, wie sehr du mit ihnen und mit dir selbst Frieden gemacht hast.

Kannst du dich schon dem Gedanken öffnen, dass jeder von ihnen, jede dieser Frauen und jeder dieser Männer dir begegnen *sollte*, dass jede dieser Begegnungen und Beziehungen weder ein »Fehler« noch Pech oder Zufall war und dass jede von ihnen für dich wichtig war? Solltest du dich noch immer gekränkt oder verletzt fühlen, dann hast du ein wesentliches Geschenk, das sie dir (unbewusst) gemacht haben, noch nicht ausgepackt, oder du erkennst die Botschaft und den Sinn dieser Beziehung noch nicht. Wie wäre das, wenn du das in den nächsten Monaten nachholen und mit jedem von ihnen in einen tiefen Frieden und in eine Haltung der Dankbarkeit kommen könntest? Du triffst immer eine

Wahl, diese oder jene, entweder für Frieden oder für die Aufrechterhaltung deines Unfriedens. Welchen Zustand in dir wählst du jetzt, in diesem Augenblick?

Erinnere dich bitte an die Erwartungen und Wünsche, die du an deine Partner damals hattest, auch wenn sie dir vielleicht gar nicht bewusst waren. Waren es Gedanken wie: »Er/sie soll mich lieben«, »Er/sie soll mir treu sein«, »Sie/er soll mich glücklich machen«, Er/sie soll mich so annehmen, wie ich bin« und »Sie/er soll bei mir bleiben und mich nicht verlassen«?
Und lungerten dahinter nicht auch Gedanken der Hoffnung und der Angst mit denselben Inhalten? »Hoffentlich ist er/sie diesmal der Richtige.« »Hoffentlich bleibt sie/er bei mir und verlässt mich nicht.«
Und dann geschah es doch trotz deiner Erwartungen und Hoffnungen. Kannst du dir vorstellen, dass dies vielleicht gerade *aufgrund* dieser deiner Gedanken und Ängste geschah und nicht »trotz«? Ich bin davon überzeugt, dass unsere Erwartungen und unsere angstgesteuerten Hoffnungen immer und immer wieder enttäuscht werden müssen, ja, dass Erwartungen ein Gift für die Liebe in der Partnerschaft sind. Und dass wir mit unseren Ängsten genau das anziehen und erschaffen, wovor wir Angst haben, denn unsere Angst wirkt wie ein Magnetismus, wenn wir ihr uns nicht zuwenden, sie durchfühlen und verwandeln.

Wenn wir enttäuscht oder verlassen wurden und es heute noch wehtut, dann wird es jetzt Zeit, die Täuschung, den Irrtum zu erkennen, der zur Ent-täuschung führen

musste. Enttäuscht zu werden ist zwar alles andere als angenehm, es ist aber dennoch ein Geschenk, das uns zuruft: »Schau genauer hin auf deine Gedanken, auf deine Erwartungen, Hoffnungen und Ängste und du begreifst, wie du deine schmerzhaften Erfahrungen selbst ins Leben riefst. Dann müssen sie sich morgen nicht wiederholen.«

An dieser Stelle kommt der Verstand oft mit dem Einwand: »Das geht mir jetzt aber zu weit! Man wird doch noch vom anderen erwarten dürfen, dass ...« Hör mal in den Klang der ersten vier Worte hinein: »MAN WIRD DOCH NOCH ...« Hörst du die Empörung, die hier mitschwingt? Solange diese Energie der Empörung, der Enttäuschung, der Kränkung oder Wut in dir ist, ist die Wahrscheinlichkeit hoch, dass es dir wieder und wieder passieren wird: Menschen, für die du etwas empfunden und denen du vertraut hast, werden dir den Rücken kehren.

Bist du bereit herauszufinden, warum du diese früheren Erfahrungen des Verlassen-Werdens und der Kränkung machen musstest, warum sie kein Zufall oder Schicksal waren? Spür bitte in dich hinein, ob du wirklich neugierig und offen bist für neue Gedanken und für eine Wahrheit in dir, um die du dich bisher erfolgreich gedrückt hast oder die du einfach noch nicht erkennen konntest. **Ich lade dich ein, hinter die Kulissen deines eigenen Theaterstücks zu schauen und zu erkennen, dass du immer den richtigen Partner angezogen beziehungsweise immer den Richtigen an deiner Seite hattest und nie den »falschen«.**

Warum Partner uns verlassen und enttäuschen

Wenn du eine Frau bist, frage dich als Erstes: **Was für einen Vater hast du in deiner Kindheit erlebt? Und was hast du damals über ihn, den ersten Mann in deinem Leben, zu denken und zu fühlen gelernt?** Denn nichts steuert deine Männerwahl und deine Beziehung zu Männern so sehr, wie die Beziehung zwischen dem Mädchen, das du damals warst, und seinem Papa. Mittlerweile dürfte es dir klar sein: Dieses Mädchen ist bis heute ganz lebendig in dir (wie der kleine Junge im Mann) und hat einen ungeheuren Einfluss auf deine Entscheidungen, dein Verhalten und deine Gefühle. Und für den Mann ist die innere Beziehung zur Mutter seiner Kindheit die entscheidende Ur-Beziehung, die ihn unbewusst in der Beziehung zu Frauen steuert.

Bleiben wir zunächst bei der Frau: War dein Papa meist abwesend, ging er weg oder starb er, bevor du erwachsen warst? Dann ist die Wahrscheinlichkeit sehr hoch, dass du später Männer angezogen hast, die oft weg waren oder dich irgendwann verließen. Und sollte das bei dir bisher nicht der Fall sein, frage dich: Was wäre, wenn mein jetziger Partner von mir ginge? Spüre, was du bei diesem Gedanken fühlst, wie stark die Emotion ist, die hier hochkommt.

Wenn du die Erfahrung des Verlassen-Werdens nicht mehr machen willst, dann darfst du langsam das Verhältnis des Mädchens in dir zu seinem Papa von damals klären. Wenn der Vater zum Beispiel meist weg war oder emotional abwesend oder durch Tod oder wegen Scheidung die Familie früh verließ, dann ist das für ein Kind schmerzvoll, und es fühlt sich vom Vater, dem ersten Mann in seinem Leben, verlassen. Diesem Schmerz kann sich kein Kind bewusst stellen und ihn verarbeiten. Es muss ihn verdrängen und unterdrücken. Erst der erneute Verlust eines Partners im Erwachsenenalter gibt der jetzt erwachsenen Frau die Möglichkeit, den frühen Verlust des Vaters zu verarbeiten und diese Wunde heilen zu lassen.

Frauen wie Männer dürfen sich dieser Verlassenheitswunde bewusst werden. Und das geschieht am besten dadurch, dass ein oder mehrere Partner sie verlassen. Was wir »nie wieder« erleben wollen, weil es damals so wehtat, das muss oft noch einmal oder mehrmals geschehen, damit wir unseren Schöpferanteil hieran erkennen und die Verlassenheitswunde heilen lassen können. Solltest du als Frau denken: »Auf Männer ist einfach kein Verlass!« (was du vielleicht schon von deiner Mutter gehört hast), dann wundere dich nicht, wenn die Männer nicht bei dir bleiben oder du erst gar keinen anziehst.

Wenn Partner uns häufiger verlassen oder wir erst gar keinen anziehen, dann kann es auch daran liegen, dass zwischen dem Mädchen und seinem Papa oder dem Jungen und seiner Mama ein besonders inniges Verhältnis bestand und auch im Erwachsenenalter noch weiterbesteht. Die damalige Prinzessin ist mit ihrem Papa genauso intensiv verstrickt und verbandelt wie der Prinz mit der Mama. Da passt oft »kein Blatt dazwischen«.

Energetisch gesehen sind die beiden miteinander so gut wie verheiratet, und das Kind hat damals nicht selten geschworen, Papa beziehungsweise Mama nie zu verlassen oder ihm/ihr immer treu zu bleiben. Das Kind in uns würde es als Treuebruch und Verrat am damaligen Elternteil ansehen, begäbe sich der Erwachsene in eine tiefe Bindung zu einem anderen Menschen. Solche Schwüre verlieren auch über Jahrzehnte nichts von ihrer Kraft und steuern uns in unserem Verhalten, solange wir sie nicht bewusst lösen und uns aus den Verstrickungen mit unseren Eltern befreien.

Das trifft auch für jene zu, die ihren »tollen Papa« oder ihre Super-Mama damals auf einen hohen Sockel stellten und sie bewunderten. Von dort dürfen sie wieder heruntergeholt werden – auf Augenhöhe, sonst wird kein Partner jenem Vater oder jener Mutter jemals das Wasser reichen können. Im inneren Vergleich mit ihm oder ihr würde der Partner immer den Kürzeren ziehen, und das spürt jeder potenzielle Kandidat.

Wenn wir von einem Menschen enttäuscht sind, weil er uns verlassen oder betrogen und belogen hat, ist jedoch die wichtigste Frage, die Licht ins bisher Dunkle oder Unbewusste bringt: *Wo verlasse ich mich selbst immer wieder? Wo bin ich mir selbst untreu? Wo lebe ich etwas, was ich eigentlich gar nicht leben will?*

Kaum jemand von uns hat in Kindheit oder Jugend gehört: »Kind, achte immer auf dein Herz oder deine innere Stimme, die dir sagt, was für dich stimmt und was sich unstimmig anfühlt und dir nicht guttut. Sei dir selbst treu!« Wir haben Eltern und andere Erwachsene erlebt, die alles andere als glücklich waren, die auch von ihren Eltern keine Anleitung zum Glücklich-Sein erhielten. Erinnere dich an deine Mutter und deinen Vater, wenn einer da war. Waren sie begeistert vom Leben, haben die beiden gut für sich selbst gesorgt und oft gemeinsam gelacht? Oder haben sie viele faule Kompromisse gemacht, sich aufgeopfert, zusammengerissen und etwas gelebt, was nicht ihrem Wunschtraum entsprach?

Und auch, wenn du es »ganz anders« als sie machen wolltest und nicht so werden wolltest wie sie, mal Hand aufs Herz: Wie viele Gemeinsamkeiten und Ähnlichkeiten zwischen dir und mindestens einem von ihnen hast du schon an dir entdeckt? Und wenn du dir einen Handspiegel nimmst – und das empfehle ich dir – und dir drei Minuten lang in die Augen schaust, sag dir selbst ehrlich: Blitzen aus diesen Augen Freude und Begeisterung am Leben? Sind das die Augen eines glücklichen Menschen, der sich selbst und das Leben liebt und genießt?

Jeder von uns besitzt ein Herz in der Mitte seiner Brust, das den Weg zu einem glücklichen Leben genau kennt. Es wirkt wie ein Navi im Auto, auf das wir achten könnten. Aber nur wenige tun es bisher und hören stattdessen auf viele unwahre – uns meist unbewusste – Gedanken und Überzeugungen. Das sind zum Beispiel die folgenden: »Ich brauche die Liebe eines anderen Menschen. Ohne einen Menschen, der mich liebt, kann ich nicht glücklich sein. Der richtige Mann / die richtige Frau kann mich glücklich machen, ich selbst kann das allein nicht. Ich brauche einen Partner. Dieser Mensch kann meine wichtigsten Bedürfnisse befriedigen und meine Wünsche erfüllen.« Keiner dieser Gedanken ist wahr, aber jeder von ihnen hat bereits für viel Schmerz und Enttäuschung in Partnerschaften gesorgt und letztlich oft zur Trennung geführt.

Denn kein Mensch, auch nicht der »Traumpartner«, kann uns das geben, was wir uns bisher selbst nicht geben. Und das sind Liebe, Zeit, Aufmerksamkeit, Interesse, Zärtlichkeit, Verständnis, Mitgefühl, Geduld, Verzeihen und manch andere Geschenke. Und wenn er es uns tatsächlich gibt, sind wir oft nicht in der Lage, dieses Geschenk anzunehmen, weil wir tief in uns glauben, wir seien es nicht wert oder wir hätten so viel Liebe nicht verdient.

Solange wir selbst unserem Herzen nicht treu sind und seiner Stimme nicht folgen, fordern wir andere auf, auch uns gegenüber untreu zu sein. Solange wir uns selbst nicht lieben und in hohem Maße wertschätzen, signalisieren wir unserem Partner: »Ich bin nicht liebenswert. Besser, du liebst mich nicht, denn ich tue es auch nicht!« So sagen bis heute viele tausend Männer und Frauen dort Ja und stimmen dem zu, wo ihr Herz ihnen ein: »Nein, das fühlt sich nicht gut an!« signalisiert. Warum tun wir so etwas Merkwürdiges? Aus Angst, zurückgewiesen zu werden, aus Angst vor Streit oder Auseinandersetzung, »um des lieben Friedens willen« und aus Angst, der andere könne uns verlassen.

Darum kann jene Verlassenheitswunde erst dann heilen, wenn wir bei uns selbst, in der ganzen Liebe zu uns und im Frieden mit uns selbst ankommen und uns auf uns selbst verlassen können. Erst dann hört das Verlassen-Werden auf. Oder wir leiden nicht mehr darunter, wenn die Wege auseinandergehen, weil wir spüren und wissen: »Es ist gut so für uns beide. Ich kann dich deinen neuen Weg gehen lassen, und ich freue mich auf ein neues Kapitel in meinem Leben.«

Ganz gleich also, ob du mit einem Menschen zwei Monate, sieben Jahre oder zwanzig Jahre in einer Beziehung gelebt hast, jeder von ihnen gehört zu deinem Leben, jede Verbindung hatte ihren Wert, ihren Sinn und ihre Berechtigung. Es liegt an dir, ob du heute diesen Wert für dich und dein Leben erkennst und schätzt. Tust du es noch nicht, dann verzeih es dir. Dann kannst du es bisher noch nicht, aber du wirst es können, wenn du dich für Anerkennung, Wertschätzung und Frieden mit den von dir gemachten Erfahrungen entscheidest.

Unabhängig davon, wie dein Ex-Partner sich heute dir gegenüber verhält, ob er noch grollt oder wütet oder den Rosenkrieg aufrechterhält, es liegt in deiner Macht, in dir Frieden mit ihm zu erschaffen. Dafür musst du dich nicht unbedingt mit ihm treffen. Zum Krieg gehören immer zwei. Er oder sie kann noch im Unfrieden mit dir sein, und dennoch ist dein Frieden mit ihm oder ihr völlig unabhängig davon möglich. Mach ihn nicht abhängig vom Verhalten des anderen, egal wer von euch Schluss gemacht hat. Das ist nicht von Bedeutung.

Wenn du sie noch nicht kennst, lege ich dir sehr die Meditations-CD »Rosenkrieg oder endlich Frieden?« ans Herz, auch dann, wenn es keinen »Krieg« gibt, sondern du nur spürst: Da ist noch was zu klären in mir, das fühlt sich noch nicht friedlich an. In einer dieser Meditationen siehst und spürst du zugleich, wie stark die Verstrickungen in dir mit dieser Person heute noch sind. Sie hält dich in der Unfreiheit. Solange du diese innere Beziehung zu deinem Ex-Partner nicht geklärt hast, wird sie dich mit hoher Wahrscheinlichkeit wieder zu einem Partner führen, mit dem du diese Erfahrungen wiederholen wirst. Willst du das oder reicht's dir langsam?

Arsch-Engel: Unsere Kinder

Unsere Kinder kommen (auch) zu uns, um uns »aufzumischen«

Die Menschen, die uns am nächsten stehen und die wir meist, aber nicht immer und schon gar nicht immer »bedingungslos« lieben, sind merkwürdigerweise auch oft die, die uns am meisten auf die Nerven gehen können. Manchmal würden wir sie gern auf den Mond schießen. Und dazu gehören vor allem unsere eigenen Kinder. Obwohl (oder vielleicht auch weil) wir heute viel weniger Kinder in einer Familie haben als vor hundert Jahren, scheinen die ein, zwei oder drei Kinder ihren Eltern heute oft viel mehr Probleme zu machen. Besser: Sie scheinen sie mehr herauszufordern als früher. Falls du keine Kinder hast, magst du das Kapitel überblättern oder du könntest, falls du es dennoch liest, einiges aus deiner eigenen Kindheit und über dich wiederfinden.

Fangen wir mit ein paar weit verbreiteten Klagen über Kinder an, die auch Partnern gegenüber oft gedacht werden:
- »Mein Sohn hört einfach nicht auf mich. Er macht, was er will. Ich kann ihm hundertmal sagen, was er zu tun hat. Dann sagt er meist: ›Ja, mach ich‹, aber er macht's ums Verrecken nicht.«

- »Meine Tochter ist extrem unordentlich, ja eher chaotisch. In ihrem Zimmer sieht es einfach fürchterlich aus.«
- »Mein Sohn müsste sich nur ein bisschen anstrengen, macht er aber nicht. Er ist einfach faul. Er zeigt nicht den geringsten Ehrgeiz und hängt den halben Tag vor seinem Computer rum.«
- »Meine Tochter ist ständig auf Krawall gebürstet. Ihre Aggressivität macht mich ganz hilflos.«

Wer zwei oder mehr Kinder hat, wird oft schon festgestellt haben, dass eins davon eher pflegeleicht, lieb, fleißig und angepasst ist, während das andere ein Weltmeister im »Knöpfedrücken« bei Mama oder Papa ist. Warum ist das so? Kannst du dir vorstellen, dass sie schon vor ihrer Geburt (also in ihrem Seelenbewusstsein) genau wussten, warum sie zu dir als Mama oder als Papa kommen wollten? Und dass du dich schon lange vor deiner Geburt mit ihnen verabredet hast, dass sie genau zu dir kommen: als deine Kinder mit einer ganz bestimmten Aufgabenstellung? Das musst du nicht glauben, aber ich bin fest davon überzeugt, dass wir nie die »falschen« Kinder haben. Deine Kinder haben dich ausgesucht, um erstens mit dir – neben den vielen schönen – die oft anspruchsvollen und harten Erfahrungen zu machen, die sie eben mit dir machen oder gemacht haben. Und sie sind auch dazu da, dich auf vieles in dir aufmerksam zu machen, auf das du sonst nicht schauen würdest.

Unsere Kinder (ebenso wie unsere Partner) gehören zu den besten »Spiegeln«, die uns täglich zeigen wollen, was wir in uns selbst bisher nicht sehen wollen und ablehnen. Sie sind Engel, die zu uns kamen, um Freude in unser Leben zu bringen, aber nicht, um immer pflegeleicht zu sein und unsere Erwartungen zu erfüllen. Es sind auch unsere besten »Entwicklungshelfer«. Sie stoßen uns an und zeigen uns auf, wo wir uns selbst aus alten einengenden Mustern des Denkens und Verhaltens herauswickeln dürfen und wie wir uns hin zu einem im wahren Sinn selbst-bewussten Menschen entwickeln können, der im Frieden und in der Freude mit sich selbst ist. Und diejenigen, die uns das Leben am schwersten zu machen scheinen, sind in meinen Augen die stärksten und mutigsten Seelen unter ihnen, die uns in Wirklichkeit dienen.

Viele Eltern wollen vor allem ihre Ruhe haben. An ihrem Arbeitsplatz und auch in der Beziehung zu ihrem Partner (oder Ex-Partner) haben sie oft schon genug Stress. **Aber diesen Gefallen, uns in Ruhe zu lassen und möglichst pflegeleicht, fleißig und brav zu sein, tun Kinder uns oft nicht. Und ich behaupte: Es ist erstens auch nicht ihre Aufgabe. Und zweitens können sie nicht anders, das heißt, sie müssen sich so verhalten, wie sie es tun. Und – drittens – sie tun es FÜR dich, die Mutter oder den Vater. Am meisten für den von beiden, der sich am meisten aufregt.** Ich empfehle dir, schieb diesen Gedanken nicht einfach als »Blödsinn« beiseite. Wenn du dein Kind liebst und wirklich etwas für dich selbst *und* für das Kind tun willst, wenn du es wirklich verstehen willst, dann hör mir einfach beim Lesen zu. Wegwerfen kannst du das Buch danach immer noch.

»Mein Sohn / meine Tochter sollte ordentlicher sein!«

Dieser Satz kommt häufiger aus dem Mund von Müttern als von Vätern. Das mag einerseits daran liegen, dass Frauen sich für die Ordnung in Haus oder Wohnung mehr verantwortlich fühlen als Männer und sich manchmal fragen: »Wozu räume ich eigentlich dauernd auf, wenn doch sofort wieder alles unordentlich ist?« Aber es liegt auch daran, dass sich viele Männer nicht nur weniger verantwortlich für die Ordnung im Haus fühlen, sondern oft selbst sehr viel zur Unordnung und damit zur Aufregung aufseiten der Frau beitragen. »Mein Mann lässt immer seine Socken liegen ... die Zahnpastatube offen ... die Haare im Becken ... das Klo dreckig« und so ähnlich lauten die Klagen. Da sitzen Männer und Kinder oft im selben Boot und sind für die Frau die Daueraufreger. Es ist unglaublich, wie viele von ihnen sich über viele Jahre täglich über dieselben Dinge erregen können, so als würden sie es brauchen wie das tägliche Brot. Erinnerst du dich noch, worüber sich deine Mutter in deiner Kindheit dauernd aufregte?

Schauen wir uns also unser Verhältnis zu Ordnung und Sauberkeit an. Wenn du zu denen gehörst, die sich über die Unordnung anderer schnell oder oft aufregen oder denen man schon mal einen »Ordnungsfimmel« vorwirft, dann beantworte dir folgende Fragen: »***Bin ich selbst ein ordentlicher Mensch? Lege ich selbst viel Wert auf Sauberkeit und Ordnung?***« Auch wenn deine

Antwort ein lautes »Ja, aber sicher!« sein sollte, beantworte dir auch die Frage: »*Darf ich selbst auch unordentlich sein?*« Die einen werden sagen »Ich bin aber nicht unordentlich«, und andere werden mit einem klaren »Nein!« antworten.
Nächste Frage, besonders für die, die glauben, nur ordentlich zu sein: **»Bist du sicher, dass bei dir und in dir immer und überall Ordnung herrscht? In deinem Keller, deinen Schubladen, deinen Steuerunterlagen, in der Beziehung zu deinem Mann / deiner Frau oder zu deinem Ex-Partner, zu deinen Eltern oder zu deinen Geschwistern? Sind in dir, in deinen Gedanken, deinen Gefühlen und in deinem Körper nur Ordnung, Klarheit, Harmonie und Gesundheit?**

Je einseitiger wir denken und nur das eine, aber nicht das andere sein wollen, desto mehr Unfrieden und Disharmonie entsteht zunächst in uns und daraufhin auch in unseren Beziehungen. Wenn du *nur* sauber und ordentlich sein willst, forderst du andere in deiner Umgebung auf, deine eigene Einseitigkeit und dein inneres Ungleichgewicht im Außen durch ihr völlig gegensätzliches Verhalten auszugleichen. Denn niemand ist nur ordentlich und schon gar nicht perfekt. Niemand ist nur stark und nie schwach, nur fleißig und nicht auch mal faul, nur ehrlich und nie unehrlich, ganz gleich, ob du das schon annehmen kannst oder nicht. Wir sind in Wahrheit immer beides, lehnen aber die eine Seite oft ab und verurteilen uns selbst dafür, dass wir diesem künstlichen Anspruch nie gerecht werden und nie so etwas wie »perfekt« sein können. Anstatt jedoch ehrlich nach innen zu schauen und vor der eigenen Haustür zu kehren, schauen wir lieber zu anderen hin und regen uns darüber auf, dass sie so ganz anders sind oder sich so »furchtbar« verhalten.

Jede Familie ebenso wie jede Partnerschaft (wie auch jeder Körper, jede Gemeinschaft und jede Firma oder Organisation) ist immer ein Energiesystem, das nach Ausgleich und Balance strebt. Jedes Mitglied dieses Energiesystems beeinflusst jedes andere. Und ein Mensch, der in sich selbst sehr unausgeglichen ist und eine Seite von sich ablehnt, während er eine andere extrem oder einseitig lebt, sorgt dafür, dass jemand anders diese Unausgewogenheit durch ein wiederum extremes Verhalten der anderen Art ausbalancieren muss.
Die Kinder in jeder Familie können ihre Mitgliedschaft in diesem System nicht kündigen und mit fünf oder zehn Jahren sagen: »War nett bei euch, aber jetzt ziehe ich hier aus.« Und selbst wenn sie das mit achtzehn oder später tun, bleiben sie dennoch Mitglied ihres Familiensystems, obwohl sie denken: »Jetzt bin ich frei und gehe meinen eigenen Weg.«

Um zu den Vorwürfen dem Sohn oder der Tochter gegenüber zurückzukommen – eine der vielen Erwartungen an unser Kind heißt: »Es sollte auf mich hören und mir folgen! Es sollte das tun, was ich ihm sage und für richtig und wichtig halte!« Ich behaupte, dieser Satz ist wie alle Sätze, in denen das Wörtchen »sollte« auftaucht, einfach nicht wahr. Darum taucht dieses Wörtchen in diesem Buch so oft auf. Du kannst natürlich auf deinen vielen Sollte-Erwartungen bestehen, aber wie lange willst du dich noch darüber aufregen, dass dein Kind, dein Partner oder andere sie oft nicht erfüllen? Weil du dich mit diesen Sollte-Gedanken stetig täuschst, weil sie nicht der Wahrheit entsprechen und Illusionen darstellen, müssen dich das Leben und deine Mitmenschen ent-täuschen beziehungsweise desillusionieren, damit du deine eigene Wahrheit über dich entdeckst.

Du musst mir diese Behauptung nicht abkaufen, sondern darfst mithilfe deines eigenen Körpers herausfinden, was der Wahrheit entspricht. Nimm nur den ersten Satz: »Mein Sohn (oder meine Tochter) sollte mehr auf mich hören und mir folgen!« Schließ bitte für circa dreißig Sekunden deine Augen und sprich diesen Satz zwei- bis dreimal laut aus. Spüre zugleich in deinen Körper hinein und achte auf die Empfindungen, mit denen er auf diesen Satz reagiert. Überspring diese Übung nicht, denn sie wird für dich Gold wert sein.

Du wirst bei jedem Satz, der ein »sollte« oder »sollte nicht« enthält, spüren, wie dein Körper sich zusammenzieht oder schwer, eng, angespannt wird und sich unangenehme Gefühle wie Wut, Hilflosigkeit, Trauer oder andere einstellen. Diese negativen Reaktionen wollen dir anzeigen, dass dein Gedanke nicht wahr ist. Probiere es beim zweiten Mal mit dem folgenden Satz: »Ich selbst darf mehr auf mein Herz hören und ihm und seiner Stimme folgen.« Wie fühlt sich dieser Gedanke an, wenn du dreißig Sekunden lang in dich hineinspürst?

Wir alle haben als Kinder gelernt, die Erwartungen der anderen (von Mutter, Vater, Erziehern und Lehrern) mehr oder weniger gut zu erfüllen. Aber kaum jemandem wurde beigebracht, auf das eigene Herz zu hören und seinen ganz eigenen Weg zu gehen, unabhängig davon, was andere darüber denken. Das hat dazu geführt, dass die Mehrzahl aller Menschen auch als Erwachsene noch ständig ihr Herz verraten und es – wie schon früher beschrieben – anderen recht machen wollen, um geliebt oder wenigstens gemocht zu werden.

Wenn du selbst also oft denkst: »Mein Kind oder mein Partner sollte mehr auf mich hören«, dann frage dich mal ehrlich: Auf wen hörst du selbst denn in deinem Innern? Mehr auf deinen Verstand mit seinen vielen angstvollen Gedanken oder auf dein Herz, das dir über deinen Körper fühlbar mitteilt, was es für stimmig und was es für nicht stimmig hält? Wenn du mehr auf deinen Kopf als auf dein Herz hörst, dann wundere dich nicht, wenn dein Sohn oder deine Tochter oft querschießt und (auch) nicht auf das hört, was du dir von ihnen wünschst. Erkennst du den Zusammenhang?

Ähnlich verhält es sich mit Unordnung bis Chaos auf Seiten eines der Kinder. Wenn in dir Unklarheit herrscht über dich selbst und über das, was du leben willst, wenn deine Beziehungen zu deinen Eltern und insbesondere zum Vater oder zur Mutter deines Kindes von Unfrieden und Ärger geprägt sind, dann ist das eine Form der Unordnung. Dann kannst du im Außen, in deiner Wohnung noch so ordentlich sein. Wenn es in dir nicht aufgeräumt aussieht, dann spürt dein Kind das immer, und es kann sich davon nicht abgrenzen. Deine innere Unordnung muss sich dann in der äußeren Unordnung von Kind oder Partner spiegeln.

»Mein Kind sollte nicht so aggressiv sein«

Auch das ist eine der häufigen Klagen von Eltern. Was glaubst du, warum dein Kind aggressiv ist? Hierfür kann es mehrere Gründe geben. Als Erstes ist jeder Ausdruck von Aggression ein Ruf nach Liebe und Aufmerksamkeit. Darum streiten sich auch Geschwister gern, denn sie betrachten den anderen als Konkurrenten um diese »seelische Nahrung«, ob wir sie nun Liebe oder Anerkennung, Wertschätzung oder Aufmerksamkeit nennen. Sie haben oft Angst oder das Gefühl, nicht genug davon zu bekommen. Und die Rebellen unter ihnen erhalten oft viel mehr davon als die braven, lieben Angepassten.

Wenn du zwei Kinder hast, die sich oft streiten, dann beobachte öfter, wie du dich dann verhältst. Es macht dich unruhig, unsicher oder wütend, und du mischst dich sehr schnell in ihren Streit ein, bis du mit einem lauten: »Jetzt ist aber Schluss!« versuchst, das Ganze zu beenden? Ist dir schon mal der Gedanke gekommen, dass die beiden sich für dich streiten? Probiere es – wenn du schon kannst – beim nächsten Mal aus und stell dich mit ein wenig Abstand hin, wenn die zwei sich in die Haare kriegen. Beobachte mit locker verschränkten Armen, was für ein Theater die beiden da veranstalten. Innerhalb kurzer Zeit wird einer versuchen, dich mit in den Streit hinein- und auf seine Seite zu ziehen. Er wird den anderen anklagen, zum Beispiel mit: »Er (oder sie) hat angefangen ...«

Besonders oft fällt ein Kind durch Aggressivität auf, wenn es sich in der Mutter, im Vater oder in beiden nicht friedlich anfühlt. Und wenn die beiden nicht liebevoll und wertschätzend miteinander umgehen (auch und besonders dann, wenn sie sich getrennt haben), dann leiden Sohn oder Tochter unter dieser Spannung und müssen sie auf die eine oder andere Weise ausdrücken. Anstatt das Kind zum Psychologen zu schicken und es zum »Problemkind« abzustempeln, empfehle ich der Mutter oder dem Vater, sich den eigenen Unfrieden mit sich selbst und mit dem Partner (oder Ex-Partner) anzuschauen und den Weg des Friedens zu gehen. Je mehr Spannung sich in der Mutter, im Vater (auch aus anderen Gründen) befindet, desto mehr muss das Kind diese Spannung in sich mittragen und sie in seinem Verhalten zeigen.

Gerade in Familien, wo laute Töne tabu sind oder wo es heißt: »Bei uns wird nicht gestritten, klar?«, müssen die Kinder dieses Verdrängungsspiel durchkreuzen und sehr deutlich zeigen, wie viel Frust oder Wut in den Eltern versteckt ist.

»Mein Kind ist einfach faul und zeigt keinen Ehrgeiz«

Es gibt kaum eine lautere Klage von Eltern als die über die Faulheit eines Kindes. Am häufigsten kommt sie von Vätern und Müttern, die selbst fleißig und ehrgeizig sind und es im Leben zu etwas gebracht haben. Die Söhne sind in der Regel öfter Zielscheibe dieser Kritik. Auch hier kann das Kind oft deshalb nicht anders, weil sich die Eltern selbst kaum Entspannung und Genuss erlauben und stattdessen mit einem hohen Leistungsanspruch an sich selbst durchs Leben laufen. Das Kind muss das rastlose Nur-Fleißig-Sein der Eltern (oder eines Elternteils), ihr ständiges Machen und Tun ohne Ausatmen und Entspannen ausgleichen. Es muss die abgelehnte Seite bei Vater und Mutter in seinem Verhalten durch seinen Mangel an Ehrgeiz und sein »Chillen« zeigen. **Je mehr Mutter oder Vater von ihrem eigenen, selbst gezüchteten inneren Druckmacher und Antreiber abhängig sind, desto eher muss sich Tochter oder Sohn für das »Abhängen« entscheiden.**

Wenn du denkst, dein Kind sollte fleißig oder erfolgreicher sein, frage dich: Warum sollte es das? Könnte es sein, dass es das für dich sein sollte? Schämst du dich insgeheim, wenn dein Sohn oder deine Tochter schlechte Noten mit nach Hause bringt? Willst du stolz sein können auf ihn oder sie?
Wenn du täglich die Hausaufgaben kontrollierst und deinem Kind Druck machst, in der Schule besser zu werden, nimmst du ihm die Möglichkeit, seinen eigenen

Weg zu finden und Selbstmotivation zu entwickeln. Denn es spürt jeden Tag: »Ich muss es für meine Eltern machen. Wenn ich keine Leistung bringe, lehnen sie mich ab und lieben mich nicht so, wie wenn ich ein guter Schüler wäre.« Es lernt dann – wenn überhaupt – nur für dich, damit *dein* Ehrgeiz befriedigt wird. Damit erziehst du das Kind zur Unselbstständigkeit und nimmst ihm die Verantwortung und Handlungsfähigkeit für sein eigenes Leben.

Übergib deinem Sohn oder deiner Tochter diese Verantwortung und sag: »Mach deine eigenen Erfahrungen. Du bist nicht dumm. Die Schule und was du dafür tust oder nicht, das übergebe ich jetzt dir. Wenn du Unterstützung von mir wünschst, bin ich für dich da. Aber ich werde mich nicht mehr in deine Schulangelegenheiten einmischen. Und wenn du mit einer schlechten Note nach Hause kommst oder die Klasse wiederholen musst, liebe ich dich genauso. Du machst schon deinen Weg.«
Eltern, die diesen Weg eingeschlagen haben, berichten in meinen Seminaren, dass hierdurch Tonnen von Gewicht von ihren und von den Schultern des Kindes gefallen sind. Einige Kinder drehten danach eine Ehrenrunde, aber bei den meisten stiegen nach diesem Kurswechsel der Eltern Motivation und Eigeninteresse und damit auch die schulischen Leistungen erheblich. Wenn du dir wünschst, dass dein Kind als Erwachsener auf eigenen Beinen stehen und selbstständig seinen ganz eigenen Weg gehen will, dann fang so früh wie möglich an, ihm die Verantwortung für die

Dinge zu übernehmen, die es seinem Alter entsprechend allein entscheiden kann. Und gönne ihm viel Raum für Spiel und »Nichtstun«.

»Mein Kind sollte nicht so viel vor dem Computer rumhängen!«

Wer kennt diese Klage nicht? Auch hier steckt das »hängen« drin und die Abhängigkeit. Ich verstehe die Sorge von Müttern und Vätern, aber dieses innere oder ausgesprochene »Ich mach mir Sorgen um dich« sorgt dafür, dass das Kind innerlich unter Druck gerät und sich zugleich abgelehnt fühlt. »Du solltest dich anders verhalten! Du solltest nicht so lange am Computer hängen« sind Sätze, die Sohn oder Tochter übersetzen mit: »Du bist so für uns nicht in Ordnung! So lieben wir dich nicht. Du musst dich ändern!«

Stell dir vor, dein Kind würde dich fragen: »Und was hast du mir stattdessen zu bieten? Hast du denn Zeit und Interesse für mich? Weißt du selbst denn noch, was Spielen bedeutet? Schau doch mal in den Spiegel. Wo ist denn das lachende spielende Kind in dir geblieben?« Was wären deine ehrlichen Antworten hierauf?

Mögen die Väter und Mütter, die solche Gedanken und Sorgen umtreiben, sich selbst ehrlich fragen: »Wie viel Druck mach ich mir selbst? Wo sollte ich selbst in meinen Augen anders sein? Wie viele Stunden hänge ich in und an meiner Arbeit oder vor dem Fernseher,

am Smartphone oder im Internet? Wovon bin ich selbst abhängig, wovon komme ich nicht los?« Je mehr und einseitiger der Vater, die Mutter oder gar beide Getriebene ihres inneren Antreibers sind und kaum abschalten können von ihrer Arbeit, desto mehr müssen ihre Kinder ihnen durch ihr extrem langes Computerspiel zeigen: »So wie ihr will ich nicht leben!«
In Wirklichkeit können sie (im Moment) noch nicht anders, weil sie eine Einseitigkeit und Unbalance im Leben und im Innern der Eltern durch ihr so einseitiges Verhalten am PC oder Smartphone ausgleichen. Und oft ist es das große Gelangweilt-Sein vom »normalen« realen Leben, in dem sie kaum in ihrer Kreativität und Spiellust gefordert werden – das zieht sie in die virtuelle Welt, in der die Leistung und das Erreichen eines Ziels mit viel Lust und Fantasie verbunden ist.

Wenn du als Elternteil denkst: »Wenn ich nicht eingreife und mein Kind spielen lasse, hört es nie mehr damit auf!«, erschaffst du genau die Realität, die du verhindern möchtest. Je mehr Forderungen an das Kind gestellt werden, verbunden mit der Botschaft: »So, wie du dich jetzt verhältst, bist du für mich nicht in Ordnung. So kann ich dich nicht akzeptieren, geschweige denn lieben«, desto mehr muss das Kind woanders, zum Beispiel in seiner virtuellen Welt, seine »Erfolgserlebnisse«, Selbstanerkennung und zugleich Ablenkung von Druck und Ablehnung suchen.

TEIL 3

Wie wir Frieden und Zufriedenheit erschaffen

Wenn Frieden in dir ist, ändert sich dein Umfeld

In diesem letzten Teil des Buchs geht es darum, wie wir Schritt für Schritt konkret in uns und dadurch in unserem Leben Frieden und Harmonie erzeugen. Wenn dein Verstand sagt: »Leicht gesagt, aber schwer umzusetzen«, sage ich: »Wenn du das glaubst, dann wird es auch schwer.« Auf diesem Weg des Friedens sind bereits viele Menschen in dieser noch sehr unfriedlichen Welt unterwegs und auch viele von ihnen sagen: »Ich habe es kaum geglaubt, dass es möglich ist, mein Leben so sehr und in so kurzer Zeit zu verändern! Meine Lebensqualität, meine Beziehungen, mein körperlicher und seelischer Zustand – das sind Welten zwischen heute und meinem Leben vor zwei, drei Jahren.«

Ich nehme an, dass dir in den ersten beiden Teilen des Buches an vielen Stellen bewusster geworden ist, womit du in dir, in deinem Leben und mit wie vielen Personen du bis heute noch nicht im Frieden bist. Das Schöne und Erstaunliche bei dieser inneren Friedensarbeit ist, dass sie einen Dominoeffekt auslöst. Sobald wir mit einem Menschen, besonders mit unserem Vater, unserer Mutter, einem Geschwister oder Ex-Partner zunehmend innerlich in Frieden gelangen, wirkt sich dies sofort auf viele andere unserer Beziehungen aus. Denn

es verändert sich hierdurch unsere energetische Ausstrahlung, und alles hängt mit allem zusammen.
Aber der Frieden mit jemand anderem beginnt immer im Friedensprozess mit uns selbst. Nur weil wir mit uns selbst nicht zufrieden und im Frieden sind, weil wir so vieles an uns selbst und unserem Leben kritisieren, ablehnen, unterdrücken und nicht akzeptieren, wird der Krieg im Außen befeuert. Wir erschaffen immer von innen nach außen.

Ich möchte dir Mut machen, mithilfe dieses Buches und der empfohlenen Meditationen in den nächsten Monaten und Jahren in deiner inneren Welt aufzuräumen, in deinem feinstofflichen Energiekörper mit seinen vielen Gedanken, Gefühlen, Körperempfindungen und Symptomen. Ich möchte dir Mut machen, dein Herz wieder zu öffnen für die Kraft, die stärker ist als jede Wut und jeder Hass, jeder Neid und jede Eifersucht – und das ist die Liebe. Sie ist die größte Macht im Himmel und auf Erden. Sie ist nichts, was du dir irgendwo besorgen musst, sie ist mitten in dir, in deinem oft noch verschlossenen Herzen, aus dem sie sich noch nicht verströmen kann. Ja, sie ist das, was du von Natur aus bist. Du bist Liebe, ob du das schon verstehen, glauben oder annehmen kannst oder nicht.

Trau dich, der Liebe zu vertrauen, dich ihr anzuvertrauen. Sie ist mehr als ein Gefühl, sie ist die Kraft, die alles Leben gebiert und erhält. Die Natur selbst ist voller Liebe. Die Liebe ist die Kraft, der »Klebstoff«, der alles zusammenhält und am Leben erhält, angefangen von deinem Körper bis hin zur größten Galaxie. Nur wir Menschen haben es als Seele gewählt, eine Erfahrungswelt zu durchwandern, in der die Angst stärker zu sein scheint als die Liebe. Und um diese Erfahrungen zu machen, mussten wir vergessen, dass wir selbst Liebe sind, dass wir göttliche, unsterbliche Wesen sind auf einer interessanten, aus Sicht unsere Seele höchst wertvollen Erfahrungsreise.

Diese große Reise der Menschheit tritt jetzt, in diesen Jahren, in ein völlig neues Stadium. Wir werden jetzt mit Macht daran erinnert, wer wir wirklich sind. Die Liebe selbst macht jetzt mobil, dreht machtvoll auf und bringt all das an die Oberfläche, was ihr nicht entspricht, damit wir hinschauen und begreifen, wie wir es als unbewusste Schöpfer erschufen, auch wenn sich die meisten dabei noch als Opfer fühlen. Denn bevor sich etwas Altes wandeln kann, muss es sich noch einmal in aller Deutlichkeit zeigen. Darum treten der Hass und die Wut, die Ausgrenzung und der Krieg, der Terror und der Bürgerkrieg jetzt noch einmal so deutlich auf die Bühnen der Welt. Aber es ist ein letztes Aufflammen.

Durchfühle liebend deine Gefühle

Unsere Gefühle machen uns zu lebendigen Wesen. Nichts gibt unserem Leben eine größere Intensität als unsere Emotionen. Der Mensch ist nicht nur ein denkendes, sondern auch ein fühlendes Wesen und fähig, mit anderen Menschen und Wesen mitzufühlen, das heißt sich fühlend in einen anderen hineinzuversetzen und ihn fühlend zu verstehen. Das bedeutet »Mitgefühl«.
Mit beiden – unseren Gedanken und Gefühlen – erschaffen wir unsere Wirklichkeit. Sie bestimmen unser Sprechen und Handeln. Die »zivilisierte« Menschheit, in denen sich viele sehr unzivilisiert verhalten, hat bisher einseitig auf das Denken gesetzt, ohne zu lernen, bewusst und in Verbindung mit dem Herzen zu denken.

Wie im ersten Teil des Buches geschildert, denken und glauben wir eine Menge an unwahren, verurteilenden Gedanken über uns selbst, über die anderen und über das Leben. Und wir bemerken nicht, was wir damit anrichten in unserer Welt. Zum einen erzeugen und nähren wir durch diese Gedanken in uns viele unangenehme Gefühle wie Angst, Wut, Ohnmacht und so weiter. Zum anderen erschaffen wir hierdurch Enttäuschungen, Konflikte und Mangelzustände aller Art wie Unfrieden und Krieg. Unsere Emotionen, unter denen wir leiden und die unsere Körper krank machen, sind also das Produkt unserer eigenen unwahren und verurteilenden Gedanken.

Wollen wir unsere Lebenswirklichkeit verändern, dürfen wir uns a) unseren Gedanken zuwenden, sie uns bewusst machen, sie auf ihren Wahrheitsgehalt überprüfen und neu denken lernen. Das habe ich im Buch an mehreren Stellen beschrieben. Und b) warten unsere Gefühle darauf, bewusst und bejahend von uns durchfühlt zu werden. Beides, Gedanken und Gefühle, sind unsere eigenen Schöpfungen und zugleich Schöpfungswerkzeuge, mit denen wir unsere innere wie äußere Lebenswirklichkeit gestalten. Das tun wir bisher jedoch in der Regel völlig unbewusst. Wir wissen also meist nicht, was wir da wirklich tun in unserem Leben. Wüssten wir es, würden wir sofort damit aufhören, Schmerz, Enttäuschung, Mangel und Konflikte zu erschaffen, sondern etwas völlig anderes. Wir würden als bewusste liebende Schöpfer ein großartiges friedliches Leben in wertschätzenden und freudvollen Gemeinschaften genießen. Und dazu möchte ich dich, liebe Leserin, lieber Leser ermutigen. Der Weg der Menschheit geht jetzt vom »Opferland« ins »Schöpferland«.

Die Bedeutung des Wortes »Gefühle« heißt: »Geh hin und fühle!« Das mag für dich simpel klingen. Aber es ist das Machtvollste und Wichtigste, was du jetzt beginnen oder vertiefen kannst. Am liebsten würden wir nur »schöne« Gefühle wie Freude fühlen. Aber das geht nicht, solange die anderen gegenteiligen Gefühle wie Angst, Wut, Trauer, Scham, Schuld, Ohnmacht von uns abgelehnt, unterdrückt und nach innen verdrängt werden. Der Weg zur gefühlten Freude geht durch das Durchfühlen der anderen, als »negativ« bezeichneten Gefühle hindurch und nicht um sie herum. Vergiss nicht: Jene unangenehmen Emotionen sind unsere eigenen Schöpfungen. Du kannst sie als deine »Babys« betrachten, die sich nach deiner Annahme und Liebe sehnen. Und du darfst jetzt beginnen, ihnen in deinem Alltag mehr und mehr Aufmerksamkeit, Zeit und Liebe zu schenken. Es wird einer der größten Meilensteine auf deinem Weg in ein freudvolles und friedliches Leben sein.

Viele glauben, sie würden doch schon genug fühlen. Unser bisheriges Fühlen ist jedoch ein sehr oberflächliches. Wenn du dir ein Gefühl wie einen großen Baum vorstellst, dann bleiben wir mit unserem bisherigen Fühlen in der Baumkrone hängen. Es geht aber darum, tief hineinzutauchen, um zu den Wurzeln aller unangenehmen Gefühle zu gelangen, zum tiefsten Gefühl unter ihnen. Und dieses Gefühl heißt Angst. Die Angst erzeugt alle anderen negativen Gefühle, ob Ohnmacht oder Wut, Kleinheit oder Scham, Einsamkeit oder Eifersucht, Neid oder Trauer. Diese Angst kann durch die Kraft der Liebe verwandelt werden, die der Verstand nicht kennt, sondern nur das Herz. Nur aus der Liebe heraus entstehen all die wunderbaren Gefühle und Haltungen wie Freude und Humor, Leichtigkeit, Frieden und Zufriedenheit, Mitgefühl und Verständnis, Zärtlichkeit und Sanftmut, Geduld, Toleranz und Respekt.

Deine Wut sehnt sich nach deiner Liebe

Ganz gleich, wer oder was deine »Gefühlsknöpfe« drückt, über wen du dich ärgerst oder mit wem du Krach hast, immer fühlst du dich dabei »schlecht«, wie wir sagen. Anstatt dir den Kopf zu zerbrechen, wie du aus dieser Nummer rauskommst oder wie du es dem anderen heimzahlen kannst, anstatt dich zu beschweren, zu empören oder dich in deinem Gekränkt- oder Beleidigt-Sein zu wälzen, **entscheide dich, öfter am Tag innezuhalten, dich dir selbst zuzuwenden, dich an einen ruhigen Platz zurückzuziehen und immer wieder mal einige Minuten dem bewussten Fühlen zu widmen.**

Beginne mit ein paar tiefen Atemzügen, wende deine Aufmerksamkeit nach innen, weg von deinem Denken und hin zu deinem Körper und seinen Empfindungen. Sage: »Alles in mir darf jetzt da sein. Ich bin bereit, es zu fühlen!« Geh mit deiner Aufmerksamkeit aus deinem Denken und hin zu deinem Körper, und fühle neugierig, wie er sich jetzt gerade anfühlt. Spüre also, wie leicht oder schwer dein Atem geht, spüre die Empfindungen wie Enge, Schwere, Druck, Spannung, Schmerz und andere, und wiederhole ab und zu: »*Du bist meine Enge (mein Druck ...), und du darfst jetzt da sein. Ich kann dich jetzt fühlen, und ich will dich jetzt fühlen. Ich öffne mein Herz für dich.*«

Das ist auch die Grundhaltung, die du deinen Emotionen wie Angst, Wut, Ohnmacht u.a. gegenüber einnehmen kannst, um etwas Wesentliches in dir zu verändern. Hierdurch kommen sie ins Fließen, und genau das wollen alle Energien. Wir sterben nicht am Fühlen solcher Gefühle, sondern durch unser Flüchten vor ihnen, durch unser Unterdrücken, Verdrängen und Ablenken und durch das Verschließen unseres verletzten Herzens. Im Gegenteil: Durch ihr bewusstes Fühlen kommen wir in unsere Lebendigkeit zurück, die wir als Kleinkind noch genossen. Nicht gefühlte, abgelehnte Gefühle, ganz gleich, durch was sie ausgelöst und nach oben gebracht werden, blockieren die Lebensenergie in dir, entziehen deinem Körper entscheidende Kraft und führen zu noch härteren Erfahrungen im Außen sowie zu einem kranken und kraftlosen Körper. In meinen geführten Meditationen wie *Negative Gefühle in Freude verwandeln* und vielen anderen kannst du dich anleiten und begleiten lassen, um solche Blockaden und Krankheitsverursacher aufzulösen.

Annahme statt Ablehnung dem gegenüber, was jetzt da ist

Wie ich deutlich gemacht habe, entsteht durch nichts so viel Leid wie durch unser »Nein! Ich lehne dies und jenes ab!« Dieses Nein kommt in der Natur, bei Pflanze und Tier, nicht vor. Nur der Mensch kommt auf den Gedanken, etwas abzulehnen, was doch schon da ist oder was schon geschehen ist. Der Verstand sagt: »Warum soll ich etwas annehmen, was ich nicht mag, was unangenehm ist?« Aber derselbe Verstand kann begreifen, dass es unsinnig ist, etwas abzulehnen, was doch jetzt schon da ist oder was schon geschah – wie der Verlust eines geliebten Menschen, der Gesundheit, einer Arbeit oder einer großen Geldsumme. Das Leben sagt: »Was jetzt nicht da ist, soll jetzt auch nicht da sein. Und was jetzt da ist, soll und darf jetzt da sein.«

Es ist unser Widerstand gegen das Leben selbst, unser eigenes gedachtes Nein, das unseren Schmerz verursacht, nicht das Geschehen selbst. Aber wir glauben, es besser zu wissen als das Leben, alias Vater-Mutter-Gott, und halten innerlich dagegen mit einem wütenden: »Ich will aber nicht, dass es da ist!«

Noch einmal: **Nicht das, was geschieht oder wie jemand sich uns gegenüber verhält, entscheidet über unser Lebensglück, sondern einzig und allein, wie wir darauf**

reagieren. Und wir haben die Wahl, so oder so darauf zu reagieren. Mit Annahme und Akzeptanz oder mit Ablehnung, Widerstand und Wut. Erst dann, wenn wir einen Verlust annehmen, kann in uns die Trauer fließen wie auch unsere Tränen. Und hinter der Trauer taucht die Freude wieder auf, weil die Trauer durchfühlt wurde. Dafür gab es früher klare Trauerzeiten und -rituale. Wird die Trauer samt anderen Gefühlen wie Wut nicht gefühlt, entsteht Depression, und diese zeigt sich in dieser Zeit bei immer mehr Menschen so massiv wie der Burn-out, die komplette physische und psychische Erschöpfung.

Unsere Ablehnung einem schmerzhaften Ereignis gegenüber drücken wir selten in einem bewusst gesprochenen Nein aus. Dieses Nein steckt in der oft mit hoher emotionaler Ladung gestellten Frage: »Warum?! Warum nur passiert mir das?« Fast alle, die diese Frage wütend stellen, sind gar nicht an einer Antwort interessiert. Ihr wütendes »Warum?« heißt in Wirklichkeit: »Nein, ich will das nicht! Ich lehne es ab!« Den tiefen Sinn dessen, was uns geschieht – und nichts geschieht sinnlos (auch wenn du es heute noch nicht glaubst) –, ganz gleich, wie schmerzhaft, ungerecht oder schrecklich wir es empfinden, können wir oft erst mit zeitlichem Abstand vom Geschehen erkennen.
In dem Moment, in dem du einen schweren Autounfall hast, dein Job gekündigt wird, dein Partner dich und die Kinder plötzlich verlässt oder ein geliebter Mensch sich das Leben nimmt, bist du meist nur geschockt oder verzweifelt und stehst buchstäblich im

Dunkeln. In diesem Moment blickst du nicht durch. Wenn ich Menschen in meinen Vorträgen und Seminaren jedoch frage, wer heute – mit dem Abstand von ein paar Jahren – weiß, welchen Sinn eine schwere Krankheit, ein Unfall oder der Verlust eines Menschen für ihn hatte, antworten acht von zehn mit einem: »Ja, heute weiß ich es.« Viele sagen, ab diesem Ereignis habe ihr Leben eine entscheidende Wende genommen. Einige sagen sogar: »Wenn das damals nicht geschehen wäre und mich nicht durchgeschüttelt und aufgerüttelt hätte, würde ich heute nicht mehr leben.« **Alles, was uns geschieht und was wir auf meist unbewusste Weise angezogen oder zusammen mit anderen erschaffen haben, hat einen Sinn und enthält eine Botschaft und ein Geschenk.**

Alle drei – Sinn, Botschaft und Geschenk – können nur dann erkannt und empfangen werden, wenn wir das, was geschah, in einer Haltung der Demut und Hingabe angenommen haben. »Demut« bedeutet, den Mut zu haben, sich dem Leben zu beugen und ihm das Vertrauen auszusprechen. »Hingabe« beinhaltet eine Gabe, ein Geschenk. Ich gebe dem Leben mein Vertrauen. Der ablehnende Mensch schreit in seiner Wut jedoch: »Sag mir erst, welchen Sinn das haben soll, und dann nehme ich es vielleicht an.« Auf diese Weise können wir den Sinn jedoch nicht erkennen, weil wir uns entschieden haben zu denken: »Das hat keinen Sinn!«

Solange wir unser »Nein, ich akzeptiere dieses Leben, diese Welt nicht und was darin geschieht«, werden wir weiter im Dunkeln wandern und ver*ständ*nislos, ohne Ver*stehen*, eben haltlos, ohne festen Stand durch unser Leben taumeln. Vielleicht erinnerst du dich noch an den Satz, der in deiner Kindheit oft von einer Oma oder einem anderen lebenserfahrenen reifen Menschen gesprochen wurde: »Kind, wer weiß, wofür das gut ist!«

Vergib dir zunächst selbst, was du dir angetan hast

Bevor du mit anderen Frieden machen kannst, darfst du anfangen, mit dir selbst ins Reine zu kommen. Du kannst dich entscheiden, neu über dich und über das zu denken, was du bisher gelebt und erschaffen hast. Die Anleitung, die du am Anfang dieses Lebens erhieltst, taugte nicht dazu, ein glückliches Leben zu erschaffen. Sie hieß bei fast allen: »Pass dich an und sei normal, so wie wir!« Und das hieß, brav und fleißig zu sein, den Mund zu halten, sich zusammenzureißen und pflegeleicht zu sein. Sie hieß: »Tu was, häng nicht rum und bring es zu was, zu einem vernünftigen Job, einem Auto, einer Wohnung oder einem Haus und zu einer Familie. Wenn du viel tust, dann hast du was. Und hast du was, dann bist du was.«
Manche haben dagegen rebelliert und sich blaue Flecken geholt. Viele haben gelernt, das Leben sei ein Kampf, und landeten in Erschöpfung und Krankheit. So geht das jetzt schon Tausende von Jahren. Aber diese Anleitung ist ein Auslaufmodell, und die ersten Eltern geben ihren Kindern heute etwas Besseres mit auf ihren Weg.

Der erste neue Gedanke, den du dir schenken kannst, heißt: »*Ich habe es in jedem Moment meines Lebens so gut gemacht, wie ich es konnte oder wusste.*« Alles, was du bis heute erlebt, erschaffen und erfahren hast, wartet auf deine Würdigung. Das, was wurde, alles Vergangene, will gewürdigt werden, wenn wir eine neue, andere Qualität von Zukunft erschaffen wollen. Sonst wiederholen wir das Vergangene wieder und wieder.

Der zweite Gedanke, dem du dich öffnen kannst, lautet: »*Alles in meinem Leben war wertvoll und sinnvoll.*« Auch die sogenannten Fehler waren es. Höre auf, sie »Fehler« zu nennen, denn sie waren durchweg wichtige, unverzichtbare, wenn auch manchmal schmerzhafte Erfahrungen, die sinnvoll und wertvoll waren für dein inneres Wachstum und dein Wachwerden, für dein Erkennen der Wirklichkeit. Ohne deine Krisen, Krankheiten und Konflikte hättest du dich innerlich nicht weiterbewegt und würdest auch dieses Buch hier nicht lesen.
»Fehler« bedeutet im Kern: Hier fehlt (noch) etwas zum Glücklich-Sein, zum Frieden, zum Ganz-Sein. Was fehlte uns bisher? Erstens das Wissen darum, wer wir wirklich sind und wozu wir hier auf der Erde sind. Zweitens das Wissen um unsere Schöpferkraft, mit der wir jeden Tag unser inneres wie äußeres Leben gestalten. Drittens: Die Liebe und das Wissen um die grenzenlose und verwandelnde Kraft dieser Liebe, die uns innewohnt. Niemand kann dich davon abhalten, jetzt sofort mit dem Lieben anzufangen. Und zwar bei dir selbst. Denn wer sich selbst nicht liebt, der kann auch andere nicht lieben, der kann sich nur für andere aufopfern, wie es die meisten unserer Mütter und auch viele Väter getan haben oder noch tun.

Öffne dein Herz für das Kind in dir, das in seinen ersten Jahren sein Herz verschließen musste, während es mit anderen verglichen wurde und Urteile über es gefällt wurden. Diesen Urteilen musste es Glauben schenken und sie in sein eigenes Denken übernehmen. Dieses Kind wartet heute auf deine Liebe, deine Zuwendung und darauf, dass du ihm den schweren Rucksack seiner Urteile, seiner Schuld und seiner unterdrückten Gefühle abnimmst, den es sich aufhalsen lassen musste. Dieses Kind in dir darf das erste »Objekt« deiner Liebe sein. So wie es ihm in dir geht, geht es dir, dem Erwachsenen.

Deine Unzufriedenheit, dein Ärger, deine Zweifel an dir und deine Wut – sie alle sind die Gefühle dieses Kindes und warten seit Langem auf dein Lieben und Fühlen, auf deine Sanftmut und Milde mit dir selbst, auf deine Geduld in der Entwicklung einer immer tieferen Liebesbeziehung zu dir selbst und zu deinem Kind. Niemand kann dich davon abhalten, diesen Weg zu gehen, nur du selbst.

Nimm also deine Urteile und deine Kritik an dir selbst zurück, indem du erkennst: »**Ich habe mich geirrt. Ich dachte, ich hätte es anders oder besser machen müssen und können.**« Nein, konntest du nicht. **Vergebung heißt, den Irrtum in jenen Gedanken zu erkennen und neu zu denken.** Ob du es schon glaubst oder ahnst: Du bist vollkommen unschuldig. Und du schuldest niemandem etwas, keinem Menschen und nicht dem lieben Gott. Er ruft dir zu: »Ich habe dir alles mitgegeben, was du brauchst, um dein Leben jetzt zu ändern: grenzenlose Schöpferkraft, unendlich kraftvolle Liebesfähigkeit und die Freiheit der Wahl. Triff jetzt – bewusst – eine neue Wahl!«

Vergib all deinen »Feinden« und Arsch-Engeln

Sobald du anfängst, dir zu vergeben und neu über dich zu denken, kommst du nicht umhin, auch deine Gedanken über andere in eine neue Richtung zu lenken. Denn auf sie trifft dasselbe zu wie auf dich. Sie alle konnten nicht anders und haben ihr Bestes gegeben. Sie alle waren und sind im Inneren kleine verletzte Kinder voller Angst, Wut und Ohnmacht, voller Sehnsucht nach Liebe und Anerkennung und oft voller verrückter, oft wahnsinniger Gedanken über uns Menschen, über Gott und über den Sinn unseres Daseins. Ihr wie dein Denken und Glauben beruht auf dem Grundgedanken der Trennung, die es im Universum nicht gibt. Nichts ist in Wahrheit getrennt, alles und jeder ist mit allem und jedem verbunden, ja letztlich EINS.

Viele jedoch glauben aus einer jahrtausendealten Angewohnheit, sie seien besser oder wertvoller als andere, und die anderen müssten bekämpft, ausgegrenzt oder sogar umgebracht werden. Wie oft in deinem Leben hast du nicht schon selbst gedacht: »Den könnte ich umbringen!« Getan hast du es vermutlich nicht. Aber was wäre wohl geschehen, hättest du in einem bestimmten Moment, auf dem Höhepunkt deiner blinden Wut und Verzweiflung eine Waffe in der Hand gehabt? Es gibt keine »schlechten« Menschen, es gibt nur viele völlig unbewusste, wütende und verzweifelte Menschen, die nicht wissen, was sie tun.

Wenn du dich jetzt entscheidest, neu über die Arsch-Engel deines Lebens zu denken, tust du das nicht für sie, sondern für dich selbst. Es liegt in deinem ureigenen Interesse, diesen Friedens- und Versöhnungsweg zu gehen. Ohne den Frieden mit ihnen wirst du nie zur Ruhe, zu Freude, Zufriedenheit und einem erfüllten Leben in einem gesunden Körper gelangen.

Meine Empfehlung ist: Nimm deinen Ärger und Unfrieden mit den Menschen deiner Gegenwart und erkenne die Bezüge zu den wichtigsten Personen deiner Vergangenheit. Wende dich diesen als Erstes zu. Denn, wie du bereits weißt: Aller Unfrieden und alle Unzufriedenheit, die du heute in dir spürst und die dich mit anderen aneinandergeraten lassen, kannst du zurückführen auf die Zeit deiner Kindheit und Jugend. Damals warst du nicht frei, deinen eigenen Weg zu gehen und die Denk- und Lebensweise der anderen infrage zu stellen. Du musstest sie übernehmen. Deine heutigen Arsch-Engel zeigen dir auf, in welchem Maß du mit dir selbst und mit jenen Schlüsselpersonen deiner Vergangenheit – Mutter, Vater und Geschwister – noch in Unfrieden und Unfreiheit verstrickt bist.

Deinen Arsch-Engeln zu vergeben ist kein »gnädiger« Akt und keine großzügige Geste deinerseits. Es ist im Kern ein Akt der Erkenntnis darüber, dass sie nicht in der Lage waren, anders zu handeln oder zu wählen, so wie du selbst es auch oft nicht konntest. Vergebung bedeutet nicht, zu sagen: »Du hast Mist gebaut, aber ich will dir (noch mal) vergeben.« Das ist nichts anderes als die Erneuerung deines Urteils, das du als selbst ernannter Richter über andere fällst. **Wenn du heute über jemanden urteilst, frage dich: »*Kenne ich tatsächlich seine innersten Beweggründe? Kenne ich seine Geschichte so, wie er sie erlebt hat? Stecke ich in seiner Haut, und kann ich fühlen, was er gerade fühlt?*«** Erst wenn du dich das wirklich fragst, spürst du, dass jedes Urteil und jede Kritik am anderen eine Anmaßung darstellen.

Gewöhne es dir ab, zu werten, zu urteilen und zu kritisieren

Unsere Tendenz, anderen ein Etikett aufzukleben, sie in Schubladen zu stecken und unseren Stab über sie zu brechen, ist eine uralte Gewohnheit. Auch wenn es oft blitzschnell und unbewusst geschieht, kann jeder sich diese Angewohnheit mehr und mehr abgewöhnen. Das geschieht nicht von heute auf morgen, sondern ist ein Weg, auf dem du selbst jetzt die ersten Schritte gehen kannst.

Der erste Schritt ist, dich zu beobachten, wie oft du es im Alltag tust. Wie schnell du selbst unfreundlich, aufbrausend, ärgerlich, intolerant oder wütend auf andere reagierst, wie schnell du dich verteidigst gegen jemanden oder ihn angreifst. Es sind die vielen kleinen Situationen zu Hause, im Straßenverkehr, an der Kasse, in der Bahn und auf der Arbeit, in denen wir uns plötzlich – von einem Moment auf den anderen – unwohl oder unzufrieden fühlen. Beobachte dich in diesen kleinen Situationen immer genauer. Unbewusst reagierst du hier immer in drei Schritten auf das Geschehen. Erstens denkst du einen Gedanken über den anderen oder über das, was geschieht. Zweitens fühlst du ein Gefühl, das genau durch diesen deinen Gedanken ausgelöst wird. Und aus diesem Gefühl heraus reagierst du dann drittens auf die Situation. Zwischen

Gedanke und Gefühl liegt jedoch weniger als eine Sekunde, sodass dir der Vorgang nicht bewusst ist.
Die Schritte nach einem Ereignis sind also
1. deine gedankliche Reaktion,
2. deine Gefühlsreaktion,
3. dein handelndes Reagieren auf das Geschehen oder die Person im Außen.

Ein Beispiel: Auf dem Bahnsteig, auf dem du auf deine Bahn wartest, kommt die Durchsage: »Der Zug hat vierzig Minuten Verspätung.« Wie reagierst du darauf? Der erste Gedanke ist vielleicht: »Ach, du Scheiße!« Und sofort fühlst du eine Unruhe oder Aufregung verbunden mit Ärger und Unzufriedenheit. Bist du verdammt dazu, so zu reagieren? Du sagst Nein zu der Verspätung, du kämpfst innerlich gegen das, was jetzt da ist, die Verspätung deiner Bahn.

»Die Bahn sollte pünktlich sein! Auf die Bahn ist kein Verlass«, denkt es in dir weiter. Doch du könntest dich auch dem Gedanken öffnen, dass die Bahn und ihre Mitarbeiter ihr Bestes tun, damit die Züge pünktlich ankommen und abfahren, und ihnen dafür sogar danken. Aber mit deiner Ablehnung sagst du innerlich: »Diese Welt ist nicht in Ordnung. Sie sollte anders sein.« Dasselbe denkst du unbewusst oft über dich selbst. »Ich sollte anders sein. Ich bin nicht in Ordnung. Ich sollte mich auf mich selbst mehr verlassen können.«

Verurteile dich jetzt aber auch nicht, wenn du wieder mal urteilst. Das wirst du noch oft genug tun. Sonst drehst du dich im Teufelskreis und erzeugst immer wieder Schuldgefühle. Sage zu dir: »Ich darf *auch* urteilen und verurteilen, wenn ich im Moment nicht anders kann.« Aber je mehr du dein Verurteilen, Kritisieren, Herabsetzen anderer Menschen beobachtest, desto mehr wirst du erkennen, wie du damit nur dir selbst Schaden und Schmerz zufügst. Du nährst hierdurch deine oft schon »chronische« Unzufriedenheit.

Fang an, mehr und mehr zu beobachten, wie du auf all das, was um dich herum geschieht, *zunächst innerlich* reagierst. Erst dann bekommst du eine neue Macht über deine äußeren Reaktionen, du erhältst das Gefühl, dass du sie wählen kannst. Der für mich wirkungsvollste Satz, der auch dich raus aus dem Werten und in die Position des Beobachters bringt, ist eine Frage und eine Feststellung zugleich: »Ist das nicht interessant?« Diesen Satz kannst du sowohl auf das Geschehen selbst als auch auf deine Reaktion darauf anwenden. »Ist es nicht interessant, was hier geschieht?« Und: »Ist es nicht interessant, wie ich hier (wieder mal) reagiere?«
Der verurteilende Mensch sagt: »Das ist schlecht. Das sollte jetzt nicht sein (obwohl es schon so ist). Ich bin dagegen.« Der beobachtende Mensch sagt: »Ich schau mir erst mal an, was ich darüber denke und entsprechend fühle, und reagiere dann – besonnen.«

Drücke deine Gefühle aus –
wenn möglich, ohne anzugreifen

Unsere Gefühle wollen nicht nur von uns durchfühlt, in Fluss gebracht und durch unsere Annahme verwandelt werden. Es tut auch gut, den Mund aufzumachen und sie auszudrücken oder sie – mit dir allein im Wald – einmal hinauszuschreien. Das lupft den Deckel von dem innerlich kochenden Topf und lässt dich die Kraft spüren, die dahintersteckt. Aber in Besitz nehmen wirst du diese Kraft, die in deinen verdrängten und unterdrückten Gefühlen liegt, erst dann, wenn du sie bereitwillig in der Stille in deinem Sessel tief durchfühlst.

Wenn du wütend auf jemanden bist, und du drückst dieses Gefühl der Wut oder des Ärgers spontan aus, machst du damit nur Geschirr kaputt. Denn Wut macht blind für die Wahrheit, und du vertiefst in deiner Spontanität und Unbewusstheit den Konflikt nur. Sobald du also in Streit gerätst, weil dein Partner oder jemand anderes dich wieder mal getroffen oder verletzt hat (wie du denkst) und du spürst, wie Hitze in dir hochsteigt, sag innerlich zu dir selbst: »Bleib bei dir, Gabi!« oder »Bleib bei dir, Klaus!« Sprich dich dabei mit deinem Vornamen an. Und zieh dich dann erst mal für eine Weile zurück, in die Natur oder in dein Zimmer und kümmere dich um dich und deine Gefühle, so wie ich es weiter oben beschrieben habe. Du kannst es deinem

Gegenüber auch sagen: »Ich brauche jetzt kurz Zeit für mich. Vielleicht können wir in einer Stunde oder morgen weiter darüber reden.«

Wenn du nach einer Pause wieder in deiner Mitte bist, bist du in der Lage, dem anderen gefasst und bestimmt deine Gefühle ihm und dem Geschehenen gegenüber mitzuteilen. Auch wenn du laut ausrufst: »Ich finde das hier alles Scheiße« oder: »Ich bin stinkesauer!«, »Ich bin enttäuscht, frustriert, wütend …!«, drückst du deine Wahrheit über deinen jetzigen Gefühlszustand aus. Das tut gut, auch wenn es mal laut wird oder ein Teller oder ein Glas auf dem Boden zerschellt. Beobachte nur, ob du dabei noch dem anderen die Schuld für deine Wut gibst. Sage: »Ich bin …« und nicht: »Du bist …«

Viele Frauen und besonders viele Männer halten jahrelang die Klappe und reden kein Wort darüber, was sie fühlen und wie es ihnen wirklich geht. Irgendwann explodiert das dann gut gefüllte Fass der Wut, und sie sagen oder tun Dinge, die sie später bereuen. Entscheide dich, schon früh deinen Mund aufzumachen und über deinen inneren Zustand zu reden, besonders wenn du dich schwach, mutlos, ratlos oder traurig fühlst. Es ist ein Geschenk an den anderen, ihm deinen wahren Zustand mitzuteilen.

Noch sinnvoller wäre es, besonders in der Partnerschaft, sich mindestens einmal im Monat zwei Stunden Zeit zu nehmen, und jeder schenkt dem anderen am Anfang eine halbe Stunde Zeit, um auszudrücken, wie es ihm in der letzten Zeit ging und jetzt im Moment geht. Und der andere möge bitte nur zuhören und seinen

Partner nicht mit seinen »Aber ...!«-Einwänden unterbrechen. Nur zuzuhören und zu schweigen ist auch ein Akt der Liebe. Jeder hat ein Recht auf seine ganz eigene Sichtweise, seine Meinung und sein Gefühl, keiner muss die Meinung des anderen übernehmen. Jeder darf dem anderen sein Gefühl zugestehen. Auf diese Weise lernen wir, Mitgefühl zu haben und unser Gegenüber viel tiefer zu verstehen.

Viele von uns haben ihr Herz in früheren Jahren so sehr verschlossen und ihren Verstand zum Chef ihres Inneren gemacht, dass sie kaum mehr Zugang zu ihren Gefühlen haben. Ein sehr bewährtes Mittel, das auch die Teilnehmer meiner Transformationswoche nutzen, ist das Schreiben von Briefen. Nimm dir einen jener »Ur-Arsch-Engel« deines Lebens, zum Beispiel deinen Vater oder deine Mutter, und schreib ihm und ihr einen längeren Brief, den du bitte nicht abschickst, sondern später verbrennen kannst. Du schreibst den Brief nur für dich und für das Kind in dir. Dieses Kind konnte damals nicht aussprechen, was ihm alles auf der Seele lag, was es fühlte oder wonach es sich sehnte. Erlaube dem kleinen Jungen oder Mädchen in dir beim Briefeschreiben, jetzt einmal all das rauszuschreiben, was ihm damals im Hals stecken blieb, was es nicht ausdrücken konnte und durfte. Ein solches Schreiben, am besten handschriftlich, wirkt sehr befreiend und bringt deine Gefühle und oft manche Träne in Fluss. Einen solchen Brief kannst du über mehrere Tage hinweg schreiben, und in den Nächten dazwischen kommt manches an die Oberfläche deines Bewusstseins, was du lange tief vergraben hast.

Erlaube dir und dem Kind in dir, den Adressaten des Briefes zunächst nach Strich und Faden zu verurteilen, denn diese Verurteilung hat ja schon lange in dir stattgefunden. Drücke deine Wut, deine Ohnmacht, deinen Hass und alle anderen Gefühle in passenden, auch drastischen Worten aus und fühle deine Gefühle dabei. Denn bevor wir Frieden machen und unsere Urteile dem anderen gegenüber zurücknehmen und ihm vergeben, also neu über ihn denken können, müssen sie erst mal auf den Tisch kommen. Wir dürfen sie uns bewusst anschauen. Du würdigst hierdurch deine Gefühle und die des Kindes in dir. Je mehr du schreibst, desto mehr wird die Ladung hinter diesen Gefühlen abnehmen. Und schreibst du einen zweiten oder gar dritten Brief, wirst du den wohltuenden Unterschied zum ersten Brief deutlich spüren – es kommt Frieden hinein.

Solch einen Brief kannst du nach und nach an jeden schreiben, mit dem du bis heute im Unfrieden oder verstrickt bist, an Geschwister, Ex-Partner, Schwiegermutter, Ex-Chef, Nachbar und so fort. Was beim Hinausschreiben deiner Gefühle und Gedanken geschieht, öffnet dein Herz für deine Gefühle und deine Liebe zu diesen Menschen und dem Kind in dir.
Jetzt bist du darauf vorbereitet, deinem Arsch-Engel innerlich zu begegnen – zum Beispiel in einer meiner Meditationen wie »Frieden mit meinem Arsch-Engel« oder einer anderen zu Bruder, Schwester, Ex-Partner und so weiter. Du findest sie am Ende des Buches aufgelistet.

Begegnung und offenes Gespräch mit einem Arsch-Engel

Ein direktes Gespräch mit einem Menschen, der deinen Wut-Knopf gedrückt oder ein anderes Gefühl in dir hochgeholt oder dich – wie du denkst – »verletzt« hat, macht nur und erst dann Sinn, wenn du verstanden hast, welchen Wert das Geschehene für dich hat. Erst wenn du erkennst, was du selbst damit zu tun hast, dass der andere dein Gefühl nicht verursacht, sondern nur hochgeholt hat; wenn du begonnen hast, dein Herz für dieses Gefühl zu öffnen und es bejahend zu fühlen; und nachdem du sehen kannst, dass er nur Stellvertreter einer wichtigen Person deiner Vergangenheit ist – erst dann kann ein Gespräch mit diesem Menschen für beide Seiten fruchtbar werden. Gehst du vorher zu ihm hin, noch geladen mit Wut und Anklage, endet solch eine Begegnung oft in erneutem Streit und Zerrüttung.

Dies wird auch immer wieder deutlich, wenn der Begriff »Arsch-Engel« als Angriffswaffe missbraucht wird und der eine dem anderen an den Kopf wirft: »Du bist mein Arsch-Engel!« Der andere wird hierauf kaum mit Freude reagieren und sagen: »Oh, das ist aber interessant!« Ganz anders wird er reagieren, wenn du zu ihm kommst und sagst: »Ich möchte mich bei dir bedanken. Denn du warst mein Arsch-Engel. Ich hätte dir damals eine reinhauen können. Aber heute weiß ich, dass dahinter etwas ganz anderes steckte und du nur der Auslöser dafür warst. Dafür danke ich dir heute.«

Wenn du das Gespräch mit deinem Arsch-Engel suchst, dann kommt es auf dein wahres Motiv an. Dein einziges Motiv möge lauten: »Ich wünsche mir von Herzen Frieden mit dir und mit mir selbst.« Solch ein Gespräch ist oft viele Jahre lang nicht möglich, solange du dein Urteil über den anderen aufrechterhältst mit einem: »Er/sie hätte das nicht tun dürfen/sollen!« Auch und gerade dann, wenn dir großes Unrecht geschah, es geschah nun einmal. Wenn du ehrlich bist mit dir, kannst du dich erinnern, dass auch du nicht selten diesem oder jenem gegenüber unrecht gedacht oder gehandelt hast. Bestehe nicht auf deinem »Recht« auf Wiedergutmachung oder einer Entschuldigung. Mit solch einer Forderung oder Erwartung stellst du nur neue Schuldscheine aus. Du kannst den einen oder anderen Wunsch äußern, aber ob dein Gegenüber ihn erfüllen kann, darfst du offen lassen und auch annehmen, wenn er es nicht kann.

Je ehrlicher und aufrichtiger du in einem solchen Gespräch von dir selbst und deinen Gefühlen sprichst, je mehr du dein Herz dafür öffnen kannst, dass der andere nicht anders konnte, desto wertvoller kann dieses Gespräch werden. Sollten deine Eltern noch leben, prüfe, ob du schon bereit und in der Lage bist für ein Gespräch hier mit der Mutter oder dort mit dem Vater allein. Solch ein Gespräch kann nur Sinn machen, wenn du ihnen schon danken kannst für das, was sie für dich getan haben. Insbesondere für das größte

Geschenk, das sie dir gemacht haben: Sie haben dir das Leben geschenkt, ohne sie gäbe es dich nicht hier in diesem Körper.

Ich kenne viele Menschen, die ihren Eltern zunächst viele Jahre lang den Rücken kehrten und weit von ihnen wegzogen, ja sogar auswanderten, ohne zu wissen, dass sie nur vor ihrer eigenen Vergangenheit flüchteten. Darum kommen viele Auswanderer nach ein paar Jahren zurück, weil sie begreifen: Solch eine Flucht kann nicht erfolgreich sein. Ihre innere Beziehung zu Papa und Mama, zu denen sie den Kontakt abgebrochen hatten, war mitgereist im Koffer. Aus diesem Grund ziehen viele Menschen in einem bestimmten Alter auch wieder in die Nähe ihrer Eltern oder des Ortes ihrer Kindheit zurück. Sie werden dort unbewusst hingeführt, weil das Leben sagt: »Hier, genau hier, hast du noch etwas zu klären. Wenn du frei sein oder werden willst von der Unfreiheit deiner Vergangenheit, dann bist du genau hier richtig.«

Akzeptiere, wenn dein älterer Vater oder deine betagte Mutter nicht in der Lage oder bereit zu solch einem Gespräch sind, weil sie in ihrer Gedanken- und Gefühlswelt gefangen sind und den Schleier der Verdrängung vor ihr Fenster gezogen haben. Überfordere sie nicht. Dennoch kannst du ihnen deine Dankbarkeit und deine Liebe zeigen, auch wenn ihr Herz verschlossen ist.
Solltest du jedoch den Wunsch verspüren, deinen Vater oder deine Mutter zu solch einem Herzgespräch ein-

zuladen oder während eines Besuchs ganz informell ein Gespräch über die gemeinsame Vergangenheit mit ihnen beginnen wollen, dann schreib ihnen am besten zunächst einen freundlichen und dankenden Brief, der ein paar Tage oder Wochen in ihnen wirken kann und vielleicht die erste Tür für solch ein Gespräch öffnet.

Zum Schluss dazu eine Geschichte, die mich sehr berührt hat. Eine Teilnehmerin an einem unserer Urlaubsseminare auf der Insel Lesbos – schon weit über die siebzig Jahre alt – spürte, wie wichtig es für ihren inneren Frieden gegen Ende ihres Lebens war, mit allen Menschen Frieden zu schließen, von denen sie sich einmal verletzt gefühlt hatte oder mit denen sie im Unfrieden auseinandergegangen war. Sie entschloss sich, ausfindig zu machen, welche von diesen Menschen noch lebten und wo sie jetzt wohnten. Das Jahr im Anschluss an das Seminar nutzte sie und flog in mehrere Länder, auch auf andere Kontinente und nahm sich Zeit, um jeden Einzelnen zu besuchen. Sie sagte später: »Seit ich das getan habe, weiß ich, dass ich einmal wirklich im Frieden mit mir selbst und mit allen und allem aus meinem Körper gehen kann.«

Der Frieden auf Erden ist nah

Alles, was in dir, in deinem Leben und in deinen Beziehungen geschieht, hat aufs Engste mit dem zu tun, was gerade auf Mutter Erde geschieht. Diese Erde und diese Menschheit gehen jetzt, in diesen Jahren, durch die allergrößten segensreichen, aber auch heftigen Veränderungen seit vielen zigtausenden von Jahren. Und du hast gewählt, dabei zu sein. Aber nicht als passiver Zuschauer eines großen Spektakels, sondern als Mitschöpfer einer neuen Erde des Friedens und der Liebe. Das musst du nicht glauben, du kannst es als esoterisches Wunschdenken ablehnen. Ich möchte dich jedoch herzlich einladen und ermutigen, dich für die Wahrnehmung und Annahme dieser großen Veränderung zu öffnen, damit du sie freudvoll mitmachen und ihre Früchte in deinem persönlichen Leben ernten kannst.

Ja, diese Welt ist im Moment noch nicht im Frieden. Wir haben noch Kriege und Vertreibungen, Hass und Ausgrenzung. Noch stehen einige wütende Schreihälse auf den Bühnen der Welt, noch haben wir größenwahnsinnige Autokraten und Großmächte, denen Menschenrechte und Menschenleben nichts bedeuten. Und für den Verstand ist es schwer zu glauben, dass sich das alles in wenigen Jahren ändern soll. Und doch wird es so sein. Du wirst es erleben, wenn du diesen Friedensprozess persönlich mitmachst und in dir und deinem Leben, in deinen privaten wie beruflichen Beziehungen Frieden schaffst und damit zum Friedensstifter wirst, statt unbewusst ein Brandstifter zu sein. Dafür habe ich dieses Buch des Friedens geschrieben.

Auch an dieser Stelle werden viele nach »Beweisen« rufen. Dann, wenn Beweise für solch krasse Behauptungen auf dem Tisch lägen, werden sie sagen, dann, ja, dann würden sie es sich (vielleicht) überlegen und mitmachen. Aber so läuft das nicht im Leben. Der erste Schritt ist für jeden, für sich persönlich zu klären und sich bewusst, klar und ausdrücklich zu entscheiden, wer er sein will in dieser Zeit. Ob er sich weiter für die Angst oder ob er sich für die Liebe entscheidet, für Ausgrenzung oder für Integration, für Respekt und Wertschätzung dem anderen gegenüber, für das Verdrängen oder das mutige Anschauen und Erkennen seiner tiefsten inneren Wahrheit. Diese Wahrheit heißt: Du bist von Natur aus ein Wesen des Geistes, zurzeit in einem Körper. Und die Essenz dessen, was du bist, heißt Liebe. Und *jeder* andere Mensch ist das auch.

Die entscheidende Frage, die du dir selbst am Ende deines Lebens beantworten wirst, heißt: »Wie sehr, wie tief, wie viel habe ich geliebt in meinem Leben? Wie sehr habe ich diese meine Essenz ausgedrückt und meine Liebesnatur gelebt?« Alles andere, wie viel du geleistet und wie viel du dir angeschafft hast, alle Titel, Preise oder Wertpapiere werden dir nichts mehr bedeuten.

Trau dich, dieser Kraft der Liebe, die alles Leben gebiert und erhält, zu vertrauen. Entscheide dich für das Vertrauen in die Liebe. Sie lässt dein Herz schlagen, dein Blut und deine Lymphe fließen, sie lässt die Früchte wachsen, sie bringt nach jedem Winter neues Leben hervor.

Wenn ich mit dir 1945, am Ende des Zweiten Weltkriegs, in irgendeiner zerbombten deutschen Stadt gestanden hätte und hätte dir mitten in jenen Ruinen gesagt: »Warte ab, jetzt folgen siebzig Jahre Frieden in Zentraleuropa mit einem Wohlstand und technischen Entwicklungen, die du dir jetzt nicht vorstellen kannst«, du hättest mich für verrückt erklärt. Und genauso werden viele Leser meine heutige Behauptung als »Spinnerei« bezeichnen, das Zeitalter des Friedens, eine neue Erde der Liebe und eine Menschheit, die keinen Krieg, keinen Kampf und keine Ausgrenzung mehr kennt, seien zum Greifen nah. Ich kann damit leben und halte mein Herz offen für sie und bin voller Vorfreude auf das, was kommt.

Den Dunkelkräften der Unliebe, dem Hass, der aus der Angst entstand, werden jetzt die Kräfte entzogen. Was gerade geschieht, ist ihr letztes Aufbäumen. Aber sie werden sich erschöpfen, so wie der Burn-out und die Depression schon jetzt viele erschöpft und zu Boden drückt. Wie es seit Jahrtausenden von den Weisen aller Hochkulturen und in unzähligen medialen Botschaften der Geistigen Welt vorausgesagt wurde: Diese Erde steigt jetzt samt Menschheit wieder auf zum hochschwingenden Planeten der Liebe, und ein großer

Zyklus der Erd- und Menschheitsgeschichte schließt sich.

Das alles geschieht jetzt, in diesen Jahren und nicht »irgendwann«. Wer Augen hat zu sehen, der schaue genau hin in die Partnerschaften und Familien, in die Abteilungen und Firmen, in die Organisationen, Parteien und Länder und auf die Verfassung der Körper und der Psyche vieler Menschen. Die Liebe selbst dreht jetzt mächtig auf und schießt wie ein Meteor durch die Herzen der Menschen und ihre feinstofflichen Körper. Sie räumt auf in allen Energiesystemen und Körperschaften und offenbart all das, was nicht in der Liebe ist. Sie macht all das transparent, was bisher im Verborgenen lag. Und sie verwandelt, sie transformiert das Bewusstsein der Menschen, die ihr Herz wieder öffnen für das Lieben, für das Verstehen und die Annahme, für das Verbinden statt für das Trennen, für die liebevolle Gemeinschaft statt für Anklage und Ausgrenzung derer, die anders denken.

Wir dürfen jetzt begreifen, wer wir in Wirklichkeit sind, wie wertvoll, kostbar und liebenswert. Wir dürfen uns so annehmen und lieben, wie wir sind, auch in unserem bisherigen Schlafzustand namens Unbewusstheit. Wenn wir das tun, werden wir niemand anderen mehr abwerten oder glauben, »besser« oder »weiter« zu sein als dieser oder jener. **Jeder Mensch auf dieser Erde ist gleich viel wert, aber wir sind nicht gleich, sondern höchst verschieden. Jeder von uns ist ein kostbares Unikat, eine einzigartige Seele hier im Körper.** Die Schönheit dieser Erde besteht in der Vielfalt an Schönheit.

Schau auf die Pflanzenwelt, schau auf die Tierwelt, schau auf die Menschenwelt. Die Verschiedenheit und Vielfalt aller Wesen macht die berauschende Faszination der Erde aus.

Auch du bist etwas ganz Besonderes, aber dein Nachbar, dein Chef, dein Bruder, dein Ex-Partner – jeder von ihnen ist auch etwas ganz Besonderes, das du anerkennen und bewundern darfst. Das jedoch ist dir erst dann möglich, wenn du deine tief sitzende Selbstabwertung samt Schuld und Scham überwunden und deinen eigenen Wert, deine eigene Schönheit und Größe, ja, das Wunder erkennst, das du selbst bist.

Nachwort

Wenn du das Buch bis hierhin gelesen hast, dann danke ich dir zunächst für dein tiefes Interesse am Frieden in deinem Leben. Solltest du nur mal reingeschnuppert haben, ist das für mich auch in Ordnung. Entscheidend ist, wie sehr du dich nach Frieden und Zufriedenheit sehnst. Diese Sehnsucht wird dich auf dem Weg dorthin weiterbewegen und dir manche Gelegenheit im Alltag zeigen, in der du neu über einen Menschen, eine Situation und über dich selbst denken und anders handeln kannst als bisher. Beobachte nur mal, wie oft du denken oder sagen wirst: »Ist das nicht interessant?«

Ganz egal, wie viel Unfrieden und Ärger, wie viele Baustellen und Konflikte du heute in deinem Leben vorfindest, niemand kann dich davon abhalten, das Blatt deines Lebens zu wenden und dein Lebensschiff in eine andere Richtung zu steuern.

Wenn du die Wirkung dieses Buches auf dein Leben um ein Vielfaches steigern willst, dann fang Schritt für Schritt an, seine Gedanken in deinem Leben umzusetzen. Und das beginnt – wie vielfach betont – in dir und mit dir selbst, in stillen Stunden des Mit-dir-Seins. Hierzu steht dir nicht nur eine Vielzahl von Vorträgen und tief greifenden Meditationen von mir zur Verfügung, deren CDs jeder gern kostenlos kopieren und weiterreichen möge an Menschen, die dafür offen sind. Auf meiner Website (auf der Startseite oben im grünen Feld) findest du zusätzlich **über 25 kostenlose Online-Seminare,** die direkt oder indirekt mit dem Thema der Arsch-Engel und des persönlichen Unfriedens zu tun haben.

Ebenso steht dir eine **kostenlose App mit einem täglichen Gedanken** zur Verfügung, mit dem du dein Denken neu ausrichten kannst auf das Bewusstsein eines Frieden, Freude und Freiheit erschaffenden Schöpfer-Menschen. Falls du auf **Facebook** bist, findest du dort alle zwei Tage einen ausführlicheren Gedanken. Und auf **YouTube** stehen dir über 50 Videos von mir mit sehr unterstützenden Inhalten zur Verfügung.

Ich wünsche dir – ganz gleich, wie alt du bist – für deine Jahre im Körper ein fröhliches Erwachen und Erkennen der wahren Wirklichkeit und Zusammenhänge. Mögest du diese Jahre bewusst und achtsam, voller Freude und Dankbarkeit sowie mit größter Liebe genießen, in tiefem Frieden mit Allem-was-ist und mit Allem-was-war.

Robert Betz, Lesbos 2017

Über den Autor

Robert Theodor Betz, Dipl. Psych., geboren am 23. 9. 1953 im Rheinland bei Köln, ist einer der bekanntesten Psychologen und Bestsellerautoren der Lebenshilfe-Literatur und gehört zu den erfolgreichsten Seminarleitern und »Top-Speakern« im deutschsprachigen Raum. Seine lebensnahen, lebendig gestalteten und humorvollen Vorträge, zu denen in den vergangenen zehn Jahren über 250 000 Besucher kamen, begeistern mehr und mehr Menschen quer durch alle Bevölkerungs- und Altersgruppen. Sie erläutern in einer für alle verständlichen Sprache, wie wir trotz materieller Fülle und vielen Jahrzehnten des äußeren Friedens Mangelzustände, Krankheiten und Unzufriedenheit sowie Verletzungen und Enttäuschungen in unseren zwischenmenschlichen Beziehungen erschaffen. Darüber hinaus zeigen sie jedoch zugleich wirkungsvolle Schritte auf, mit denen der Mensch sich selbst helfen und seinem Leben eine neue Richtung geben kann.

Robert Betz selbst tat dies im Alter von 42 Jahren, als er aus seiner Position als »Vice President Marketing Europe« in einem amerikanischen Industrieunternehmen ausschied, sich eine längere Zeit der inneren Klärung gönnte und sich später in München und Lindau als psychologischer Therapeut niederließ und im Jahr 1997 mit ersten Vorträgen und Seminaren begann.

In den Jahren danach entwickelte er aus einer christlich-spirituellen Grundhaltung heraus, die weder an eine Kirche noch an eine Religion oder irgendeine Glaubensgemeinschaft oder Organisation gebunden ist, einen eigenen therapeutischen und zugleich Selbsthilfeweg unter der Bezeichnung »Transformations-Therapie nach Robert Betz«®. Seit 2002 bildet er zusammen mit eigenen Ausbildern Therapeuten in dieser Richtung aus. Das Menschenbild, das seiner Arbeit zugrunde liegt, sieht den Menschen von Natur aus als ein Wesen der Liebe, dessen Herz nichts als lieben will, das jedoch seine Verbindung zu seiner wahren Natur verloren bzw. vergessen hat. In diesen Jahren der großen Transformation, des Wandels von Mensch und Erde, erinnert sich der Mensch – so Robert Betz – wieder an seine göttliche Herkunft und wird sich seiner Liebesnatur wieder bewusst. Diese Wieder-Erinnerung wird nach seiner Überzeugung zu einem grundlegenden Wandel im Menschen und in der Gesellschaft führen.

Der Beziehung zwischen Frau und Mann widmet Robert Betz einen großen Teil seiner Arbeit, da sie neben den »Bühnen« Körper, Psyche und Arbeitsplatz im Mittelpunkt der großen Umbrüche dieser Zeit steht. Zu diesem Thema finden sich in seinem Angebot zahlreiche Vorträge und geführte Meditationen.

Die Bücher von Robert Betz, darunter Top-Bestseller wie *Willst du normal sein oder glücklich?*, *Wahre Liebe lässt frei!* oder *Raus aus den alten Schuhen!* standen bis heute insgesamt über 390 Wochen auf der SPIEGEL-Bestseller-Liste.

Informationen über seine Angebote und die anderer Seminarleiter, die von ihm ausgebildet wurden, unter anderem über die beliebten Urlaubs-Seminare auf der griechischen Insel Lesbos, finden sich auf seiner Website **www.robert-betz.com**. Seminar- und Ausbildungsunterlagen können angefordert werden unter **info@robert-betz.com** oder **ausbildungen@robert-betz.com**

Ausgewählte empfohlene CDs von Robert Betz

Geführte Meditationen auf CD

Frieden mit meinen Arsch-Engeln

Ärger, Wut und Hass in Frieden verwandeln

Befreie und heile das Kind in dir

Mir selbst vergeben, mich selbst annehmen

Frei werden von Angst

Negative Gefühle in Freude verwandeln

Ich habe Angst, aber nicht mehr lange (für Jugendliche)

Meine Gefühle werden meine Freunde (für Kinder ab 3 Jahren)

Mein Vater und ich

Meine Mutter und ich

Frieden mit meinem Bruder oder meiner Schwester

Eltern helfen ihrem Kind und sich selbst

Deine Großeltern und Eltern

Befreie deine Ahnen, deine Familie und dich

Vom Opferland zum Schöpferland

Vorträge von Robert Betz auf CD

Aus Ärger und Konflikten zu Frieden und Harmonie gelangen

Was stützt dich von innen, wenn alles andere wegbricht

Bring Ordnung in dein Leben

Erkenne dich in den Spiegeln deines Lebens

Wo findest du Halt, wenn das Leben dich durchschüttelt?

Hör auf, dein Herz zu verraten, und lebe deine Wahrheit

Fürchtet euch nicht!

Das Ende aller Probleme (über »The Work« nach Byron Katie)

In Zeiten der Krise und Veränderung zu Stabilität finden

Der Vater deiner Kindheit

Die Mutter deiner Kindheit

Die Zeit heilt keine Wunden

Lass dich tragen vom Fluss des Lebens

Mich selbst lieben lernen

Entschleunige dein Leben und besinne dich auf das Wesentliche

Das Ende der Konkurrenz

Ich bin stark, und ich darf auch schwach sein

Wie Frauen und Männer zu sich selbst und zueinander finden

Bücher von Robert Betz

Willst du normal sein oder glücklich? Aufbruch in ein neues Leben und Lieben. Heyne 2011
Raus aus den alten Schuhen! So gibst du deinem Leben eine neue Richtung. Integral 2008 / Heyne 2016
Dein Weg zur Selbstliebe. Mit Mut zur Veränderung deine Wahrheit leben. Gräfe und Unzer 2016
Willkommen im Reich der Fülle. Wie du Erfolg, Wohlstand und Lebensglück erschaffst.
KOHA 2007 / Heyne 2015
Werde, der du sein willst. Schlüssel-Gedanken für ein neues Leben. Gräfe und Unzer 2015
Wahre Liebe lässt frei! Wie Frau und Mann zu sich selbst und zueinander finden. Integral 2009 / Heyne 2014
Engel reden Klartext in Liebe (zusammen mit Beatrix Rehrmann). Robert Betz Verlag 2012
So wird der Mann ein Mann! Wie Männer wieder Freude am Mann-Sein finden. Integral 2010
Zersägt eure Doppelbetten! Botschaften der Geistigen Welt zu Liebe, Partnerschaft und Sexualität in der Neuen Zeit. Ansata 2010
Der kleine Führer zum großen Erfolg. Schlüsselgedanken für ein erfolgreiches Leben. Robert Betz Verlag 2008

Veranstaltungen, Ausbildungen und Online-Angebote

Alle weiteren Informationen zu **Live-Seminaren, Online-Seminaren, Urlaubsseminaren auf Lesbos, Vorträgen und Sonderveranstaltungen** finden Sie auf der Website robert-betz.com, unter anderem auch Informationen zu:

Kostenlose App von Robert Betz
»Der Gedanke für den Tag«
Robert Betz fast täglich auf Facebook
(mit 250 000 Fans)
Monats und Jahresbotschaften der Geistigen Welt

Jetzt reicht's mir aber!
Das Hörbuch

Hörbuch, 4 CDs
ISBN: 978-3-946016-12-0
Verlag Robert Betz

Menschen, die Ärger, Wut und Hilflosigkeit in uns auslösen – wir begegnen ihnen fast täglich: Sei es der Chef, der Nachbar, die Kollegin oder auch Partner, Freunde oder die eigenen Kinder. Es wird Zeit, mit diesen »Knöpfe-Drückern« ins Reine zu kommen, die mit unseren Gefühlen Achterbahn fahren! Denn eigentlich sind sie unsere wichtigsten Helfer: Durch ihr Verhalten führen sie uns den eigenen inneren Unfrieden vor Augen, der uns unglücklich macht und der die Konflikte im Außen verursacht. Robert Betz zeigt, wie wir die verborgenen Botschaften hinter jedem Konflikt entschlüsseln, negative Gefühle auflösen und endlich Frieden schließen können – mit uns selbst und den Menschen um uns. Gesprochen von Robert Betz und Sabrina Gosselck-White.

Erhältlich über **www.robert-betz-shop.de**

Bücher von Robert Betz

Willst du NORMAL sein oder GLÜCKLICH?
Aufbruch in ein neues Leben und Lieben
272 Seiten
ISBN 978-3-453-70169-4
Heyne

Wahre LIEBE lässt FREI!
Wie Frau und Mann zu sich selbst und zueinander finden
352 Seiten
ISBN 978-3-453-70252-3
Heyne

WILLKOMMEN im Reich der FÜLLE
Wie du Erfolg, Wohlstand und Lebensglück erschaffst
224 Seiten
ISBN 978-3-453-70283-7
Heyne

So wird der Mann ein MANN!
Wie Männer wieder Freude am Mann-Sein finden
288 Seiten
ISBN 978-3-7787-9218-6
Integral

RAUS aus den alten SCHUHEN!
So gibst du deinem Leben eine neue Richtung
272 Seiten
ISBN 978-3-453-70304-9
Heyne

INTEGRAL   HEYNE ‹

Hörbücher von Robert Betz

Hörbuch, 5 CDs
ISBN 978-3-942581-11-0
Verlag Robert Betz

Hörbuch, 7 CDs
ISBN 978-3-940503-89-3
Verlag Robert Betz

Hörbuch, 4 CDs
ISBN 978-3-942581-89-9
Verlag Robert Betz

Hörbuch, 5 CDs
ISBN 978-3-942581-01-1
Verlag Robert Betz

Hörbuch, 6 CDs
ISBN: 978-3-940503-88-6
Verlag Robert Betz

Alle Hörbücher sind erhältlich über **www.robert-betz-shop.de**